飘雪的天空

走进心理治疗室的孩子

党亚梅◎著

作者：党亚梅

主审：王德贤（美国副心理师；加拿大英属哥伦比亚省临床咨商师；中国二级心理咨询师。现任广州医科大学附属脑科医院高级心理咨询师）

顾问：宁玉萍　黄兴兵　彭建玲　黄　雄

　　　于　林　吴福喜　吴逢春　薛士健

　　　江妙玲　于　敏　陈翠薇　黄丽红

广东高等教育出版社
Guangdong Higher Education Press
·广州·

图书在版编目（CIP）数据

飘雪的天空：走进心理治疗室的孩子 / 党亚梅著. —广州：广东高等教育出版社，2020.11

ISBN 978 - 7 - 5361 - 6882 - 4

Ⅰ．①飘… Ⅱ．①党… Ⅲ．①精神疗法 - 案例 Ⅳ．① R749.055

中国版本图书馆 CIP 数据核字（2020）第 186596 号

PIAOXUE DE TIANKONG: ZOUJIN XINLI ZHILIAOSHI DE HAIZI

出版发行　广东高等教育出版社
　　　　　地址：广州市天河区林和西横路
　　　　　邮编：510500　营销电话：（020）87553335
　　　　　http://www.gdgjs.com.cn
印　　刷　广州永祥印务有限公司
开　　本　787 毫米 × 1 092 毫米　1/16
印　　张　12.75
字　　数　236 千
版　　次　2020 年 11 月第 1 版
印　　次　2020 年 11 月第 1 次印刷
定　　价　52.00 元

一本内容值得思考的书

　　随着我国经济社会的发展，人们越来越重视心理健康问题。因此，市场上有关心理健康方面的普及读物也非常多。反映出人们在温饱之后，更多地关注自己的精神世界，但是，各种流行的心理健康普及读物中，难免良莠不齐、鱼龙混杂。故弄玄虚者有之，危言耸听者有之，披着心理学外衣的伪科学有之……

　　作为一个从业二十多年的心理健康教育工作者，我认为一本好的心理健康教育读物，应该是科学性与通俗性、严肃性与生动性的完美结合。但这样的书其实非常难写，要求作者既要有扎实的理论根基，又要有丰富的临床和生活经验，还要有对普通读者的同理心和关爱，更要有能"化腐朽为神奇"的绝妙文笔。

　　当我读了党亚梅医生的新作后，不禁感叹，这正是我心目中好的心理健康教育读物，她也是我心目中这类读物好的作者。

　　党医生既是一位临床医生，也是一位资深的心理健康教育工作者，她接触过大量心理咨询个案，临床经验非常丰富。难能可贵的是，她还是一位业余作家，文学素养非常高，对芸芸众生有着发乎天然的悲悯，对普通人的内心世界有着细致入微的体察，对其内心的描写有着女性作家独有的细腻文笔。

　　看她的书，首先会被一个个生动的故事所吸引，然后不知不觉就会走进故事中人物的内心世界及他们独特而微妙的心理互动

"场"中。当你被这些"场"所困惑的时候，作者运用她独特的语言，从心理学原理的角度将这些谜一般的"场"一一破解，让你有恍然大悟之感，不禁对人内心的奥秘和人性的幽微有了一种醍醐灌顶般的顿悟。

这将是一本普及心理健康知识的好书，也将是一本对普通老百姓真正有用的心理健康方面的好书！

广州中医药大学　郝宏伟

2020 年 1 月于广州

序

亚梅比我小几岁，但我通常喊她老党，她从不计较，见面笑笑，带着西北人的憨厚，让人感觉到蛮有温度。她单纯率真，为人坦诚，内心情感十分丰富。相识日久，你会发现她敏感且富有幻想，和人聊天常常天马行空，常天真得像个孩子，直抒胸臆，心里没有那么多花花肠子，跟人相处简单并且很有意思。

亚梅的人生有些坎坷，她常常笑说她为何那么容易理解她的来访者，因为她曾经是个十分孤独的孩子，经历过心灵的创伤，经历过自己的叛逆期和孩子的叛逆期，经历过婚姻的失败和事业的迷茫，也经历过人际关系的艰难和梦想的挫败。她也经历了艰辛的奋斗和坚持不懈的探索，包括自我成长的心理探索。她说她当初学习针灸学专业，为的是让村里的人生病了不用吃药就能治好病。后来，她又走向了一条让精神心理疾病的患者不用吃药就能治愈的心理治疗之路。两条道路虽然不同，对于她来说好像是冥冥之中注定的，我想那是她的善良引导着她走向这条道路的。因为她的善良，她才能用心地对待她的每一位来访者，她对人的深情常常让我十分动容，也常常惠及她身边的朋友和亲人。

亚梅脆弱但又十分坚强。生活中的风暴有时会将她卷起，但她在摇摇晃晃中最终都能立稳脚跟。亚梅时常感到孤独，她说："每当我跟我的来访者一起工作的时候，我常常感觉是和另一个孤独的自己在一起。"也许，这是一个治疗师的最高境界。

　　选择跟青少年一起工作，其实是选择了一件不那么容易的事。青少年的问题通常跟家庭的困难连在一起。每一个人生下来都是一张白纸，在长大的过程中，那张白纸开始添加各种各样的笔画，怎样画、如何画常常取决于周边社会以及重要他人对他的影响。有些敏感而聪明的孩子，有时会通过自己的问题把父母带到治疗室，让治疗师去帮助他或她解决父母家庭的问题。因此，针对青少年工作的治疗师，所面对的压力要比成人治疗师大得多，治疗师的视野也需要更加开阔。

　　最后，我想说，我感动于亚梅的执着，感动于她优美的文字，感动于她想要帮助青少年的一腔赤诚。我希望，所有能够有缘读这本书的人能够从中悟到点什么，从而帮助你们自己或者你们的孩子。

　　依然期待，在不久的将来，亚梅再有新的作品推出。

彭建玲

2020 年 1 月于广州

自 序

　　这是一本融小说与案例于一体的书，所以，真亦假来假亦真。

　　书中所有的图片和案例原型都是来源于现实，但书中的主人公名字、工作或者学习、生活的地点并非真实。

　　我的来访者愿意把他们的故事无私奉献给广大读者，他们说："如果我们的故事在抚养好孩子方面能帮助更多的家长，我们愿意奉献出自己的故事。"故事的主人公原型的大爱确实很温暖我的心，也希望通过此书，让我们大家的共同努力，尽量减少可能发生在这个世界的一些痛苦和悲惨的故事。因此我希望本书的读者是家长、教师、教育管理工作者以及其他关心孩子们心理健康的人。

　　早在两千年前的秦汉时期，祖国医学的先贤们在《黄帝内经》中已经有"上工治未病"之说，"圣人不治已病治未病，不治已乱治未乱"。将疾病扼杀在萌芽阶段，不给疾病生长的机会，这正是高明医生的所为。那么，对于精神疾病而言，真正高明的医生会在哪？他们又是谁呢？肯定不是精神科医生、心理医生，而是父母者、教师，以及国家相关的法律、法规。为何？——本书的一个个案例将为您剖析。

　　同样，我更希望读者能从一个个故事中，去理解那些被认为精神心理"有问题"的孩子，读懂他们的内心，理解他们在年幼的生命历程里的挣扎。他们每个人都有着十分丰富的内心世界，他们不愿意成为这美好人生的陪衬者，很多人是在根本无法掌控的情况下才沦为痛苦的承受者！请给他们多一些理解和爱怜，也希望在我们未来的人生岁月里，尽我们的能力保护好自己的家人。

　　每一个行为的背后都有千万条理由。在做孩子们的心理治疗的过程中，我发现当我们把一些苦难安放在某个点上的时候，我们的孩子才能慢慢地将内在的苦痛安放在外在的事件上，生命才能获得自由。但是，校园暴力、过早失去生命中的重要他人、家庭暴力、父母不和或者离异、孤独中成长等确实也给孩子们幼小的心灵带来了难以承受的痛苦。本书的故事，我希望能收获到更多老师、家长的"领悟与觉醒"。

　　所有的心理医生都明白：当我们在做心理咨询或者心理治疗的过程中，除了明确的教学目的外，正规的心理咨询或治疗的过程中是不能录音、不能录像的。一方面出于为来访者保密的原则，另一方面也为了心理医生能全力以赴地、不受干扰地和来访者相处。所以，无论医生的记忆力有多好，都不能在治疗结束后完全记录在心理室里所发生的那些紧张的、环环紧扣的探索过程，包括那些跌宕起伏的故事描述、感人肺腑的催眠过程、突然爆发的关于人生哲理的精彩感悟……这些常常是瞬间发生，之后就再也找不到踪迹。因此，我采用了小说与案例报道结合的方式把每个孩子的故事展开，这些故事，发生在很多的来访者身上，所以，每个故事都有代表性，读者无需将自己或身边的人代入到故事的主人公之中，继而产生不必要的疑虑。其实我也很惶恐，担心心理学的同行在这里发现本人在心理治疗过程中的漏洞。不过，在与本书的主要审稿者王德贤教授交流时，他说，这本书确实可以作为一本不错的心理治疗方面的教学参考书。因为，通过小说式的描述，可以更直观地教授学生心理治疗的过程是怎么样的，在心理治疗的过程中，到了特定的阶段到底该怎么走下去？整个治疗的过程中存在着什么问题？书中的每一个案例主要问题在哪里？而对于非心理学专业的读者，通过阅读可以初窥到心理治疗的大概过程。

本书是按照来到心理治疗室的小学生、初中生、高中生、大学生，以学历从低到高（也是年龄从小到大）的顺序来做记录的。最后记录的是一个来访者从幼儿园到大学毕业后工作了，一路走来所经历的故事。结尾是以"爱的百分比"的几个故事结束，探访和记录一个个的心路历程。

真诚地感谢为了此书的出版给予我很大支持的麦卫阳、黄兴兵院长，宁玉萍、彭建玲书记，黄雄、于林、吴福喜、江妙玲主任，他们在我工作和写作的过程中给予了很大的支持、理解和包容；感谢对全书无论从言语表达上还是从心理治疗的知识方面都提出很多宝贵意见的王德贤教授，他不但从心理治疗的技术上，更从人物分析上给了我很多的启发，开阔了我在心理治疗领域的思路；感谢一直以来支持我写作的广州中医药大学研究生学院的师兄郝宏伟书记；感谢以一个普通读者的身份为本书做了大量文字修改，同时一直支持我写作的我的妹妹、西北农业大学教授党亚爱；感恩一直以来给予我生命中很多支持和陪伴的我的众多的朋友们、同事们！

当然，我最要感谢的，还是愿意为此书奉献他们的故事的来访者及其家属，党医生在此叩谢，代表所有能读到此书并获益的读者，感恩你们！并希望此书不会给你们的现实生活带来困扰。

最后，感谢广东高等教育出版社将此书正式出版！愿更多的人，为了我们的孩子、我们社会的未来加入到儿童、青少年的心理健康的事业中来！

满满的感恩，言之不尽！

党亚梅

2020 年 1 月于广州

书中涉及的心理学知识

沙盘游戏疗法

在心理治疗领域，沙盘游戏治疗至今已经有一百多年的历史。1911 年，英国的一位作家威尔斯（H.G.Wells，1866—1946）出版了《地板游戏》一书，记述了自己和两个儿子一起在地板上划定的区域用玩具做游戏的过程，这个过程，后来被心理学家们认为是沙盘游戏治疗的基本雏形。

在心理治疗界，英国儿科医生玛格丽特·洛温菲尔德（Margaret Lowenfeld，1890—1973）被誉为"发现童年意义的伟大先驱"。在进行儿童医疗的工作中，她在威尔斯地板游戏的启发下，除了为孩子们准备玩具，还准备了两个分别盛沙子和水的盘子。之后，在观察儿童自发、自动游戏的过程中，儿童游戏的意义逐渐被洛温菲尔德医生所发现并报道，她称这种游戏为游戏王国。后来，这种技术被称为世界技术或游戏王国技术。

1954 年，接受了荣格体系的精神分析的瑞士人多拉·卡尔夫（Dora Kalff，1904—1990），接触了洛温菲尔德介绍的游戏王国技术，印象深刻。后来，她去英国接受了著名的儿童发展理论心理学家迈克尔·弗德汉姆的指导后回到了瑞士，开始把游戏王国技术和荣格分析心理学相结合。同时，融合了东方的一些思想，致力于儿童心理治疗的实践，效果甚佳。卡尔夫把这种治疗技术命名为沙盘游戏。从此，心理治疗领域多了一项被正式命名的项目——沙盘游戏疗法。

沙盘游戏疗法是由来访者、治疗师、沙盘游戏室［包括沙盘、缩微玩具（亦称之为沙具）、存放缩微玩具的架子（也称之为沙架）］、沙盘游戏的气氛（学者们总结为：自由、安全、保护和共情）等诸要素构成的一个整体。

沙盘游戏疗法的过程：在沙盘游戏治疗师的陪伴下，来访者自由地从沙架上拿到自己有感知觉的沙具，以自发、自动的形式，在沙盘里进行游戏，并如所有的心理治疗一样，在一定的时间范围内完成游戏。

由于沙子、沙盘中蓝色的底、蓝色的边等有其特有的心理意义，当来访者一旦接触到这些能触动心灵深处的内容的时候，来访者的意识开始和内心里潜意识的内容进行沟通，潜意识的内容通过来访者的手到达意识的层面并被表达出来。这种不需要语言的表达方式，最初被应用在语言能力还没有充分发展的儿童的心理治疗中，后来，逐渐被应用到成人的心理治疗中，主要用于成人的抑郁症、焦虑症及各种心理应激或心理冲突导致的心身疾病的治疗。本书记录了两个小学生的沙盘游戏内容，其他章节也有涉及，读者可以对沙盘游戏疗法有个初步的了解。

在本书中，沙盘游戏、曼陀罗绘画以及应用于叙事治疗中的 DIXIT（DIXIT 的中文名是"只言片语"，是源自于法国的一款游戏）卡片，在心理治疗的过程中多数皆以它们为工具，用以投射来访者潜意识的心理活动，以达到"潜意识意识化"，将来访者的心理问题"摆在台面"予以面对和处理。

叙事疗法

叙事心理治疗的创始人是澳大利亚临床心理学家麦克·怀特和新西兰的大卫·爱普斯顿，他们在 1980 年提出了此理论。

叙事疗法的主要理念是：问题才是问题，人本身不是问题。生活中，人们总是将从外界得知的信息构建到个体已有的认知架构当中，当个体构建了不合理的认知架构，问题就会接踵而至。当个体带着内化了的不合理的价值观及人生观去看待周围的事物和人时，往往会对积极的事件采用消极的意义诠释，从而对个体的自我成长产生负面的影响。叙事疗法所做的，就是把人和问题分开。

另外，叙事疗法认为，每个人都是自己问题的专家。人的成长不是一件容易的事，可能会面对很多的问题：单亲家庭、家庭暴力、失去重要的亲人、自尊打击等，但是，我们还能磕磕碰碰地长大并不断地获得一些人生的小成功，这表明每个人都有隐藏在他生命中的资源。叙事疗法在叙事的过程中，在治疗师的陪伴或者恰当的重复及提问下，来访者回忆过往事件或者在架构新的故事的同时，会将生活事件的多元意义的丰厚性逐渐展示出来，结局是来访者更可能在其中选择符合自己价值理念的判断意义，进而感受到自己人生的主动性，形成符合自身体验的自我认同。

叙事疗法的主轴是：主流文化会影响我们。我们一旦发现和主流文化不一致的时候，往往会怀疑自己，进而处于一种抑郁、怀疑自己的状态。叙事疗法可以帮我们把问题"外化",以直面的方式审视主流文化对我们的影响,基于我们自己生命的内在需求,我们终将发挥自己生命的力量,带领自己走向灵魂的安宁。

从一定意义来讲,沙盘游戏治疗也属于叙事疗法的一种,而所有的疗法的基础,都是以罗杰斯为代表的人本主义为基本理论:人都有自我实现的潜能。

在本书的个案陈述中,叙事疗法贯穿其中,更使用了沙盘游戏、曼陀罗绘画、DIXIT 图片故事构建等做来访者的潜意识内容的呈现和分析处理。DIXIT 游戏工具中有 84 张由法国著名画家 Marie Cardouat 设计的精美卡片,有着丰富的精神内涵的这些卡片被一些心理学家应用于叙事疗法中,与沙盘游戏中的沙具一样有着异曲同工之效。

无论是沙盘游戏还是 DIXIT 卡片叙事治疗,人们都可能会在当下选择一个确定的故事,原因是人的一个本性就是会投射自己无意识的一些想法到环境中的事物,就像以上所述:人们看待周围的事物,都是经由自己内在的架构所形成的镜头来看实像的。这也就解释了为何同样的故事、同样的事件、同样的沙具或者同样的卡片,每个人或者是在其不同人生的阶段给予的故事都是不同的。

总之,寻找生命的意义,是所有心理治疗的魂魄。

曼陀罗绘画治疗

1912 年,瑞士心理学家荣格 (1875—1961) 在和精神分析的"鼻祖"——奥地利心理学家弗洛伊德 (1856—1939) 就精神分析理论产生分歧之后,出现了大量的幻觉,随时有沉没于精神分裂症疾病的可能。自我救赎的内在动力让他无意识地画了很多圆形的图画,这种源自内心自然涌动而出的绘画拯救了荣格,使得他的内心逐渐构建了平衡和秩序,人格得到拯救,得以完整。后来,根据梵文中把圆形之物称为"曼陀罗",荣格就命名这个绘画过程为"曼陀罗绘画"。同时荣格还发现,这个过程和佛教中的"曼陀罗"绘制过程有着同样的自我救赎、自行开悟的作用。他的发现被大家普遍认可,从此,曼陀罗绘画开始了它在心理治疗领域的驰骋。

本书所使用的"曼陀罗"绘画的工具——"生命之轮",是广州医科大学陈灿锐老师在荣格曼陀罗漫画基本构建的理论基础上,结合自己在心理治疗过程中的临床经验,综合了一个人在人格形成过程中最受影响的原生家庭的父母关系、来访者的亲密关系、亲子关系、自我追求以及自我感知（意向）而组成。它同时也涉及了心灵适应内外环境的本能或自愈力量：在"生命之轮"外围那个大圆的限制和保护之下，面对曼陀罗，一个人开始自我反省、自我了解、自我呈现，荣格所述的"自性"在一个相对保护和自由的环境里得以实现；同时，来访者内在的精神动力也得以呈现。因此，它可以成为治疗师分析来访者的一个直观的、有效的使用工具。

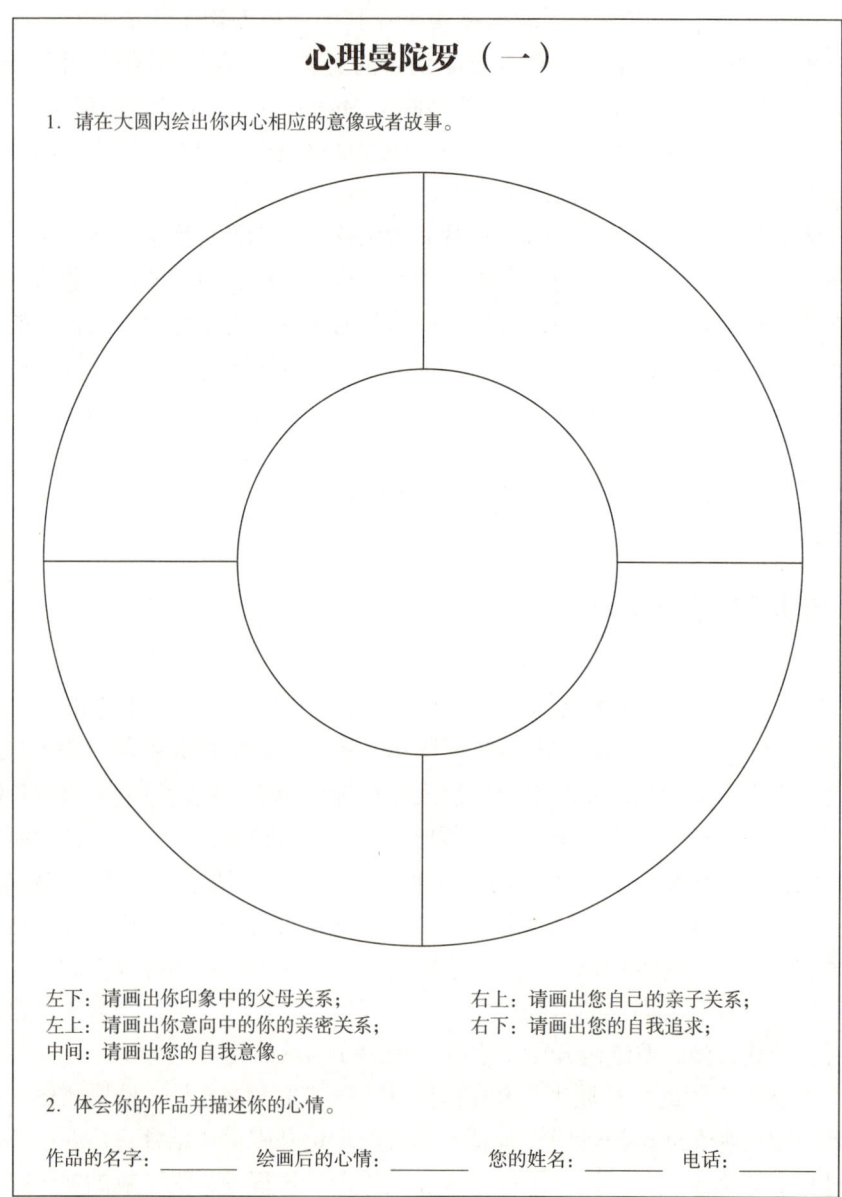

心理曼陀罗（一）

1. 请在大圆内绘出你内心相应的意像或者故事。

左下：请画出你印象中的父母关系；　　右上：请画出您自己的亲子关系；
左上：请画出你意向中的你的亲密关系；　右下：请画出您的自我追求。
中间：请画出您的自我意像。

2. 体会你的作品并描述你的心情。

作品的名字：＿＿＿＿　绘画后的心情：＿＿＿＿　您的姓名：＿＿＿＿　电话：＿＿＿＿

心理曼陀罗（二）

请在大圆内画出你内心相应的情绪。

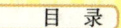
目 录

走进心理治疗室的小学生

风与雪　水与火
灰白与耀眼　温暖与寂寞
我以爱的名义降临此等世界
持亘古的本能　混沌而精灵

我是人之子　古老而清新
我是人之子　绵长而坚韧
自从那一天降临　置身于人的是非旖旎
自从那一天降临　开始沐浴人间的诸多磨砺

我渴望　时光的无数个容许
让我时时地能停下前行的脚步
将一将身体的褶皱
清洗下疼痛的伤口
仍以爱的名义敷药　疗愈

第一个故事　令老师头痛的男孩子

　　40多岁的小缘妈妈带着就读小学五年级的小缘来做心理治疗，见到我之前，小缘已经被他所在的广东省 A 城的精神科医生诊断为"儿童多动症"。这一年多来，小缘的妈妈带着小缘去了好几个心理咨询机构做心理治疗（沙盘游戏），但小缘的问题并未改善。这次，小缘妈妈在网上看到我的个人资料后就特意带着儿子来到我们医院找我。

结结实实、圆脸大眼的小缘，足有 1.5 米的个子，身上有着北方人特有的豪爽气息，这应该是承袭于他祖籍东北的爸爸。看得出小缘对于沙盘游戏

的治疗很熟悉，一进入治疗室，他就把他随身携带的 6 部玩具赛车放在沙盘里，然后沉浸在游戏中，顾不上理睬妈妈和我。只见他低头拿着赛车在沙盘里一辆跟着一辆地飞驰，很爽快的样子（一般孩子们在沙子里畅快地玩车飞驰的时候，都是孩子们内在可能有一些问题阻滞了他心理能量的宣泄，于是通过车子在沙盘里奔跑以完成他心理能量的疏通）。

这是第一次治疗，所以我需要从他妈妈那里了解情况。就在我和他妈妈谈话的过程中，小缘玩过赛车在沙盘中奔驰之后慢慢地安静了下来，他开始在沙架上寻找自己感兴趣的沙具并在沙盘上塑造沙画。

小缘妈妈说她之前有自己喜欢的工作，生了小缘之后，她的婆婆曾经帮忙带过小缘一段时间。婆婆是一个有很多抱怨的人，对小缘的妈妈总是看着不顺眼，所以没有在小缘家待多久就不开心地回老家。由于找不到其他人照顾小缘，小缘妈妈就只能辞职做全职的家庭主妇。小缘从读小学开始就出现注意力不够集中的情况，经常和老师、同学发生冲突而被老师和同学家长投诉，之后，他妈妈就开始带着小缘四处求医。在求医过程中，她接触了不少心理学知识，并开始学习，同时也带着小缘四处找心理医生治疗。

"小缘奶奶和小缘爸爸的关系怎么样？"我问小缘妈妈。

"奶奶很爱小缘爸爸，但奶奶和爷爷的关系不好，奶奶对爷爷也有很多的抱怨。"小缘妈妈说。

"你和丈夫的关系呢？"

"我们也经常吵架，特别是当涉及婆婆和小缘的事情的时候。他爸爸总是认为小缘没有病，不是多动症，是缺管教。"

"你的观点呢？"

"我认为孩子肯定有多动症，一是老师不断地投诉，他的情况已经严重到老师建议他休学了；二是医院医生也给他诊断为多动症。我觉得他需要治

疗，所以不理会他爸爸的意见，带着他四处求医。他爸爸教育小缘总是很粗鲁，不是打，就是吼，我不希望儿子给他教。"

我说："可他也是爸爸的儿子啊！准确地说是爸爸家族的男孩啊！"

她不服："但也是我的孩子啊！"

我轻声回答："他不只是你的孩子！所以，你是否也要考虑给他爸爸管教啊？"

她噘着嘴巴说："我不能接受他对孩子的管教，孩子也不能。"

我盯着她："但是，你之前不是都在以你自己的方式在管教这个孩子吗？孩子现在出现了适应社会的问题，不就在告诉你：你之前管教孩子的方式可能出现了问题吗？"

"这都是学校的问题，"小缘妈妈的情绪开始有点激动，"你不知道他们那个学校是怎么样的一种不人道，孩子们放学后买饭、吃饭不能说话，一说话就被计分；下课后孩子们走路要严格按照学校画的道路走，就像汽车的行驶道一样有正反方向，还有学生监督，孩子们走路压线了就要计分，分数多了就被勒令停课回家；男孩子们容易冲动打架，不管是谁的责任，谁先哭谁没错，不哭的肯定要被处分……老师上课的时候，一节课45分钟批评学生大概就要30分钟以上，就剩下那一点点时间来讲课……"

在小缘妈妈叙述的过程中，小缘在旁边不断地点头，"是啊！""是啊！"附和着妈妈的讲述。

"就刚才的叙述中，不是每节课老师都只讲几分钟，大部分时间在批评孩子们吧？否则，老师们怎么能完成课程进度呢？"我想弄明白。

"也是……"妈妈在犹豫，小缘解释说："是很多时候。"

"嗯……"我附和他，知道了这可能是小缘的一面之词。

"不给孩子们说话，是不是学生太多，太吵了？"我问小缘。

"是的，但是那是下课时间。"小缘说。

"我也觉得这是压抑孩子们的天性，是我们现在教育存在的问题。"小缘妈妈补充说。

"对于这种现象，你的感觉是什么？"我问小缘妈妈。

"很心疼孩子。"她难过地看着自己的儿子说。

"如果你能支持孩子对抗这种压抑现象，你觉得你的孩子能扛得住这种压抑吗？"我问。

"也许……"她迟疑了一会儿，说："他应该能扛得住，不过，可能性格会改变……"

"变成怎么样的呢？"

"可能没有现在这样自然，我发现很多孩子都规规矩矩的，长大了做事都畏畏缩缩的。"小缘妈妈有点犹豫地边想边说。

"按照小缘现在的个性，你评估下现在要他一定遵守学校的规则，会让他以后规规矩矩、畏畏缩缩吗？"

"小缘，你会吗？"小缘妈妈对着一边玩也一边在听我们谈话的小缘问。

"不会。"小缘不假思索地说。

我向小缘的妈妈摆摆手："一个孩子的个性，在他三四岁的时候基本已经是定了的。"

"也许是我太过担心了，我不能接受现在的教育制度。"小缘妈妈反省着。

"你和孩子的想法是一致的吗？"我问。

"是的。"她肯定地说。

我追问："是否我可以这么说——你通过孩子来和学校对抗呢？"

"更深层次来说，有点。我其实也不想这样。我们家长提出很多意见，觉得这样的规则对孩子的心理不好，但是学校都不理，总说是我们孩子的问题。"

知道她曾学习心理学，想当一名心理咨询师，我问她："作为一名心理咨询师，我们可能更能清楚地看到现在的教育体制对于孩子的影响。但是，很多时候，至少是目前，我们对于现实是无力改变的，这时，我们该怎么引导我们的来访者呢？"

"接受现实，适应现实吧。"她边思考边说，"不过这是一个很痛苦的过程。感觉孩子们在受苦，可是我们家长却无能为力。"小缘妈妈嘟着嘴说。

"那就看我们是否允许我们的孩子去受苦了，是吗？尽管，如果那些苦发生在我们身上我们会坦然接受。"

"我知道该怎么做了。"小缘妈妈低着头沉默了一会儿之后，脸上突然有了光彩，兴奋地说。我也明显地感受到了她的释然，然后，看着小缘的沙画（见图1-1），对小缘妈妈说："这辆车马上就要碰到桥了，桥就在那里，如果我们一定要通过，结局会是怎么样的呢？"

小缘妈妈沉默，在思考。

我接着说："当家婆不能达到我们的完美要求的时候，我们一定要她改变，她走了；当爸爸插不进孩子的教育的时候，爸爸也动不了了；当我们抱着等待学校改变他们的制度这种想法的时候，我们的孩子没有学上被勒令回家了——总之，'桥'挡住我们了……"

小缘妈妈继续沉思着，小缘也安静了很多……

图 1-1 小缘方向

在小缘的沙画里，很多人隔着围栏在看赛车比赛，比赛场还有很多的警察在维持秩序——不就在呈现给我们的是孩子们在学校的竞技场上学习、生活的情景吗？只是，在观看人群中，一个像爸爸的沙具肩上扛着一个没有头的小人沙具尤其吸引人的注意——在孩子们还不能明辨是非的时候，父母的引导尤为重要。

在这个个案里，小缘的妈妈存在着和家婆的适应问题、和丈夫的处事方式的适应问题，以及和小缘一起存在着对学校的规章制度的适应问题。在教育孩子方面，做妈妈的往往习惯于把孩子保护在自己的怀里；而爸爸教育孩子，往往更趋向于带着孩子去认识世界和适应世界。所以，在我们抚养孩子的过程中，做妈妈的要在孩子从家庭走向学校（社会）的时候，学会并适应和孩子分离，把孩子顺利地交接给爸爸管理，同时鼓励孩子接受社会规则的管理。当然，在这过程中，家长并不是全然被动的，一旦发现这个社会的某些规则有问题的时候，我们每个人为了自己、更为了我们的后代，都有责任去努力地改变它，让它更趋于合理。

这也是我这本书的中心思想：我们每个孩子在成长过程中，必然会经历生活中不同的艰难和困境，包括适应父母、家族其他成员，适应不同的陌生环境——幼儿园、少年宫、小学、中学、大学、工作的单位等，有的要面临很大的困难和挑战，更不用说生活的环境里还有危险等。可以说，每个人都活得不容易，可我们都在努力地活着。

第二个故事 抑郁的男孩

1. 突然不想上学的孩子

如约而至，9岁的小杰被父母带到医院来做心理治疗。父母在预约的时候说：小杰在读小学四年级，一直是一个活泼开朗、喜欢上学的孩子，学习成绩在班上属中上水平，虽然平时有点调皮但也一直适应学校生活。可是，不知道什么原因，最近一段时间他放学回家后就闷闷不乐，多次表示不想上学，这几天干脆不去学校了。老师、家长怎么动员也没有用，具体什么问题他也不说。无奈之下小杰的父母来到医院找到我，希望通过心理治疗的方式帮助小杰。

小杰的爸爸是个话少的人，脸上总是带着憨憨的笑容。小杰的妈妈看上去是那种积极主动的人，反应比较灵敏。瘦小的小杰却是一副"蔫蔫"的样子，犹犹豫豫、扭扭捏捏，在和我的互动中，他说对于和我聊天没有兴趣，对于沙盘室里的玩具没有兴趣，对于玩沙盘游戏没有兴趣，目前他对什么都没有兴趣。没有任何事情可以让他开心起来。看他一副无精打采的样子，我的心里"咯噔"一下："这孩子抑郁了？"但我没有出声，邀请他们一家人和我共同围坐在沙盘周围，开始我们的访谈。

我说："孩子的问题往往是和家庭相关的，所以我要先了解爸爸妈妈的情况。"——迂回战！如果小杰什么都不想做，我只能从旁侧寻找走向他内心的道路。在和他的父母谈话的时候，我让小杰随意做自己想做的事。无聊的小杰就在我和他的父母交谈的过程中，慢慢地把注意力转到了沙架上，而且，明显地对沙架上的两条大"蛇"感兴趣，后来把它们拿到手上玩。从小杰的父母那里了解了他们家庭的基本情况后，看着小杰对蛇有了兴趣，我装着好像是无意地问小杰是否愿意一个人留在治疗室玩玩，他犹豫了一会儿终于同意了。他的父母好像放下了一个"包袱"一样一下子轻松了很多，急急地离开了治疗室，到门外等候。

给小杰说明了沙盘游戏的规则之后，我说把时间、沙盘以及沙架上的沙具都交给他，让他随意玩游戏，于是，在大概20分钟后沙盘里呈现了以下的画面（见图1-2、图1-3）。

图1-2　小杰方向

图1-3　治疗师方向

　　我让他分享他的沙画，他看着那些图案几秒钟后说："感觉不正常！"我问："有啥不正常的？"他说："沙漠里有船"，"北极熊跑到沙漠里了"，"小鸟不在天空而在海里"，"鲨鱼、海马、乌龟在沙漠上的天空里"，"海蛇不在海里而在沙漠里，海蛇一米长，也太大了"，"仙人掌长成树了"，"鬼屋应该在游乐场现在却在沙漠里"，"冰块不在冰箱，也在沙漠里"……在他叙说的过程中，我不由得也十分紧张和焦虑，我想，这大概是小杰已经把我带到他的世界里的原因吧。

　　"事情没有绝对的好与坏！"我告诫自己，让自己迅速从那种情绪中抽离出来，想了想，我问他："在这里，你觉得哪个相对正常一点呢？"

　　观察之后，我们一起把眼光投向仙人掌树，他说："仙人掌树要在沙漠里扎根才能活得更好！"瞬间我感受到了自己的内心里有那么点感动。

　　当小杰说出他的感觉不正常的时候，证明他已经进入"催眠"状态了，现在，我只要推进即可。我让小杰闭上眼睛，然后想象他变成了仙人掌树，在沙漠里尽情地伸展着它的一个个"巴掌"，沙漠就是仙人掌树的家，仙人掌感受到自己的根深深地扎在沙漠里，可以吸取更多的水分和营养，仙人掌树可以感受到自己的能量……

　　看着他完全进入催眠状态，我对着闭着眼睛的他说："有能量的仙人掌树，看看你的周围好乱啊：北极熊在沙漠里很干渴，船回不到它大海的家，鱼儿、海龟、乌龟也回不到它们的家，冰块在沙漠里快融化了，鬼屋很寂寞，因为它不在自己该在的游乐场……仙人掌树，沙漠是你的家，你能帮帮他们吗？"我发出可怜巴巴的声音。

　　"可以。"闭着眼睛的"仙人掌树"不假思索地说。

　　"我们首先帮助谁呢？"我立刻来了精神，问他。

　　他想了想，说："帮助北极熊。它很渴，沙漠太热了。"

　　我说："好！我们怎么做？"

　　"像超人一样"，他就像超人一样双手绕个圈，之后一只手压在下面，一只手掌往前推，嘴里念着"玛尼玛尼哄——"好像真的有一股力量发射出去，然后，他收起姿势，把北极熊摸索着拿出来放在自己坐的凳子旁边。

　　"北极熊去了北极了，回家了，很舒服了。"他开始有点开心了。

　　"然后呢？"此刻，我也感受到自己内心里产生了一种莫名的兴奋和紧张，我心里想着自己内在的那个调皮捣蛋的孩子此刻已经被他调动出来了。

　　"小鸟，它快淹死了！"之后，他又重复刚才的动作，嘴里念着"玛尼玛尼哄——"力量发射出去了，他再把小鸟摸索着放在了有人有鱼的天空中。

接着，他用同样的方式，把鱼、乌龟、海蛇、船放在了海里，把冰块放到了冰箱里，把人和鬼屋放在了游乐场（见图1-4）……

图1-4　小杰催眠治疗后的沙画

看着沙盘里的沙具各就各位，我的心也安稳了很多，我笑着问他："他们现在都回家了，仙人掌树此刻感觉怎么样啊？"

"很开心。"他回答，脸上笑眯眯的，露出了两个快乐的小酒窝。

我肯定地说："当然开心了，不是有句话'送人玫瑰，手有余香'嘛！"

"是的。"他还是笑着。

"所以，我们要做一个经常帮助别人的人，那样，我们就会很快乐，是吗？"

"是的！"

当小杰从催眠中清醒过来之后，他感觉明显轻松了很多。我们预约下次再见，他仍然扭扭捏捏，但是，不像来的时候那样地被动了。

每个人内在都有向好的方向发展的动力。沙盘游戏就是这样一种治疗方法：孩子的内心在沙盘得以展示，之后，在其内在动力的推动下，他会自然地去调整它，此时，内心与沙盘游戏融为一体。我还不知道小杰在学校里到底发生了什么事情，从沙盘里看到的是：他内在的秩序被打乱，已经到了没有办法掌控的地步，小小的孩子，只能处于抑郁状态了。

今天的治疗，但愿能引出小杰内在的帮人、助人的欲望，活在他内在的能量与周围环境的连接上，而非活在内在的"非掌控"状态下。人生本来就是一个艰难的过程，有很多很多的迫不得已，有很多很多的无可奈何。当一个人不小心陷入这种存在于"潜意识"的"陷阱"之中时，生命的色彩将会一点一点地被耗散。

——所以，快乐，是建立在一定的高度之上的。

2. 爸爸和妈妈

这是第二次治疗，小杰还是和爸爸妈妈一起过来，看得出没有之前那么消极了。我问小杰是他一个人玩游戏还是和爸妈一起进来，他说要一起进来。他要我和他的父母聊天，他自己则在治疗室里一会儿玩玩沙架上的几条蛇，一会儿把两条大蛇放在沙盘里玩，一会儿又听父母和我谈话。

为了更好地了解小杰的父母，我让他们画了"生命之轮"曼陀罗画。

小杰妈妈看着自己的绘画（见图 1-5，图中左下角提示的是她父母的关系部分）说道："我的父母平时很少交流，他们平时只是劳动，早出晚归，各做各的事情，很少在一个桌子上吃饭，更少和孩子们交流。妈妈嘴上念叨最多的是她娘家兄弟姐妹的事情。妈妈是 7 个兄弟姐妹中的老大，家里大大小小的事情她都管，根本没有时间管我们小孩。"左上角她画的亲密关系图里，她画出的是他们夫妻和两个孩子，和小杰爸爸画的相似（见图 1-6）；右上角的亲子关系、右下角的自我追求，两个人的图都基本一致——真是一家人。中间的自我意向，小杰妈妈画了一个坐着的女人，她说："我一直很自卑，从小到大做事都很努力。我们七个姐妹，我是中间的那个，因为一直没有生男孩，农村的人自然地就看不起我的妈妈，有时候会欺负她，爸爸很老实，总是不能帮妈妈，我看着都心痛。"

"也许，你的潜意识曾经希望自己是个男孩？"我问。

小杰妈妈说："我认为我们每个姐妹可能都有这样的想法。我们真不想妈妈被人看不起，自己也抬不起头。"

小杰的爸爸说他的父母也是那种很少有效交流的夫妻。爸爸腿上有点残疾，也许因此有点自卑，平时话少，有点孤僻。妈妈娘家有姐妹 5 个，也是没有男孩，妈妈一直很要强。总是埋怨婆婆对待她这个儿媳妇不公平。

"你的妻子和你的妈妈有相同的背景啊，都是家中只有姐妹没有兄弟，她们都因为原来家庭里的重男轻女而在性格上受到了影响？"

"现在看来是的。"这一对夫妻同时说。

"这样，你们两个耳濡目染也可能是奉献型的人啊？"

心理曼陀罗（一）

1. 请在大圆内绘出你内心相应的意像或者故事。

左下：请画出你印象中的父母关系；　　　　右上：请画出您自己的亲子关系；
左上：请画出你意向中的你的亲密关系；　　右下：请画出您的自我追求；
中间：请画出您的自我意像。

2. 体会你的作品并描述你的心情。

图1-5　小杰妈妈的曼陀罗画

心理曼陀罗（一）

1. 请在大圆内绘出你内心相应的意像或者故事。

左下：请画出你印象中的父母关系；   右上：请画出您自己的亲子关系；
左上：请画出你意向中的你的亲密关系；   右下：请画出您的自我追求；
中间：请画出您的自我意像。

2. 体会你的作品并描述你的心情。

图1-6　小杰爸爸的曼陀罗画

"是的，我们都认为要照顾好别人才是最重要的。"

"你们是否觉得孩子什么都好才最最重要？"

"当然了。"

"所以，只要孩子有点问题不愿意上学你们就紧张焦虑？"

"当然了，"小杰妈妈又补充，"每次老师给我打电话说孩子出现了什么问题我都很头痛、焦虑，不知道该怎么办，有时候会忍不住大喊大叫，或者打孩子。他爸爸做生意忙，经常在外面，管不了孩子。"

"孩子的不好，你感受下，会引出你什么样的情绪？"我问小杰妈妈。

"自卑。"小杰妈妈瞬间眼睛里充满了泪水。

"这种自卑的感觉给你的感觉是什么？"

"感觉自己很失败，看着孩子很心痛但是改变不了他。"

"那你觉得目前你的状态合适和孩子在一起吗？"我追问。

"我也觉得不合适，但是没有办法啊！"

"小杰现在的问题，主要是缺乏'阳刚之气'"，中医出身的我，突然领悟到：从阴阳学来讲，抑郁症和躁狂症，前者"阴"重，属"阴病"，缺乏阳气；后者"阳"重，属"阳病"，缺乏阴液。"爸爸是男人，以'大男人'的身份和'小男人'相处（扶阳），也许能更快地带着孩子走出心灵的乏力状态。"我扭头看着小杰爸爸，用目光询问他。

小杰爸爸不自觉地坐直了身体，说："我以后尽量抽出时间陪孩子吧，我现在已经意识到孩子的成长比我的事业更重要。"

于是，我们达成了一个协议：小杰妈妈在小杰做治疗期间，尽量做好家里的后勤工作；小杰爸爸尽量减少工作应酬，多陪小杰做作业，多和他沟通。同时，小杰妈妈调整自己，未来的日子好好照顾自己内在的需求。

当我们交谈结束的时候，我感觉到小杰好像也轻松快乐了很多。他虽然一个人在自娱自乐地玩耍，但是，他也不时地关注着我们交谈的内容。

悄悄地，我打破了小杰原来家庭里的动力系统，这个系统的一个环节改变，其他的必然会改变。

3. 游戏过程中成长

在接下来的治疗过程中，首先是小杰的父母进行了自我调整。他妈妈安心地做好自己的工作，并照顾好小杰和丈夫的日常生活；小杰的爸爸尽可能地调整自己的时间陪伴小杰运动，到城市周围去旅游、爬山（这样能主动配合治疗的家长，是治疗师最想看到的）。当再次看到小杰的时候，他的状态好了很多，之后，我们一起经历了一个个完整的沙盘游戏治疗过程，经历了我陪着小杰天上地上、国内国外、宇宙人间、植物和生物等的"海聊"，小杰的状态在不知不觉中逐渐好转，也很快回学校读书了。以下简单介绍下几次主题鲜明的沙盘游戏过程。

（1）主题为"保卫战"的沙盘游戏。

如图 1-7：黑色的蛇是蛇怪，黄色的是蛇仙。他用一些栅栏把蛇和老虎圈起来，栅栏有窗，有一个出入口，旁边还有收门票的。栅栏内是个公园，公园外有警察，有想抢蛇的坏人，有无辜被坏人打死的卖雪糕的，还有捧着富人赠送给穷人礼物的邮递员。在摆放沙具的游戏过程中，他开始思考和分辨这世界上有好人、坏人，认识到这个世界还有一些无辜的牺牲者，还有人们对有限资源的争夺或者是掠夺。之后，他分别给蛇和其他的人物都配备了各自可以食用的食物——他意识到了要照顾个体本能的需求，这是一个人能安心拥有较高追求的基础。（小杰的爸爸说，随着小杰活动量的增加，他的饭量也慢慢增加，情绪慢慢恢复中。）

图 1-7 "保卫战"沙画

（2）甲乙方之战。

如图 1-8 所示，栅栏里面的蛇窝属甲方，外围的各种动物：蜘蛛、怪兽、鸟、乌龟、鱼、大炮、飞机、军车等属乙方。乙方的力量不断地攻击甲方的蛇窝，最后，蛇窝被摧毁了，他拿着两个蛇蛋，放出了两条小蛇，让小蛇回到甲方去耕种庄稼。他最后这样总结甲乙方之战：就是动物之战！高级动物之战！——我夸赞他不但"大气"，度量大，还拥有一种宽阔的"善良"（肯定和引导他扩展内心的"格局"）。之后发现他的这种善良和大气，贯穿在他从始至终的沙盘游戏中。

小杰方向

治疗师方向

图 1-8　甲乙方之战沙画

（3）夺"盐"大战。

如图 1-9 所示，沙盘的周边布满的都是陆地动物，左上角（治疗师方向）是为陆地动物准备的后勤补给——能产奶的奶牛以及能产奶的马、犀牛、羊、牦牛等；中间是海洋动物。双方各有一个统领。盐在沙盘中下 1/3 偏右侧处的杯子里。他说很早以前海里没有盐（后来是火山爆发才有盐的），陆地动物和海洋动物为了生命不可或缺的盐而战斗，结果海洋动物失败了，作为领导之一的海胆"跑了"。游戏结束，我们总结：有时候失败了就要接受，失败了还可以逃跑——生命有灵动性。

小杰方向

治疗师方向

图1-9 夺"盐"大战沙画

（4）赛车比赛。

三条道上正在举行赛车比赛（见图1-10），每辆赛车前面有三道路障。在赛场右下方的角落有个汽车修理厂是为赛车比赛做保障的（暗示了人都有修复能力）。赛场的右上方，摆放着给胜利者的奖品，根据冠军、亚军、季军的不同，他们各自在坐骑、远航车船、食物方面层次各不同（见图1-11）。在比赛过程中，因为着急而率先开出的最右边那辆赛车，因为被发现作弊而直接受到惩罚得了第三名；因为没有通过障碍物且车坏了的第二道的赛车得了第二名；最左边的赛车因为爆炸物爆炸直接被送到了目的地而侥幸得了第一名。他总结：①心急吃不了热豆腐。②成功有的时候是需要运气的，有的时候则是靠实力，最有保障的做法还是要踏踏实实地努力做好事情。

图 1-10　三条赛道

图 1-11　奖励品

　　在小杰没有说出他的心理问题的情况下，我给他做了 8 次沙盘游戏治疗，我们只着眼于他每次的游戏过程和谈话话题，在心理治疗领域，这叫"跟"的技术——治疗师跟着来访者走。虽然我不知道小杰目前的问题，但能看到在一次次沙盘游戏治疗之后小杰的开心和轻松。直到赛车比赛的沙盘游戏结束之后的下一次治疗，小杰才说出他不愿上学的真实原因，当然，此时他早已去学校读书了。他说，他之前不想去读书，是因为他的语文老师经常性地因为学生没有完成作业而大发脾气，使用各种"难听"的话训斥学生。在小杰不愿去上学之前，因为一次考试没有考好，老师要他把手放在他的 70 分的成绩旁边用手机照相，之后，威胁他要发在家长微信群里，告诉家长们他这个孩子最近没有好好学习，成绩退步了很多……

　　由此我才明白了小杰在沙盘游戏里所呈现的干涸的沙漠里一切都无序的情景：生命中向上的步伐被打断，失望和无力充斥在孩子的内心；理解了小杰之所以改变，是因为他已经在"甲乙方之战"的游戏中，以他的善良接纳了人世的一些纷争；同时，在争夺"盐"的战斗中，习得了在面对失败时的自我调整——逃跑未必是一件坏事情；也看到了小杰内在的对自己的安抚——"赛车大战"中的"心急吃不了热豆腐"。沙盘游戏在小杰处于无法用言语表达他内在的紊乱和郁闷的时候帮助了他。也许整个的游戏过程并不是治疗师所能全部理解的，小杰更不可能了解期间发生了什么样的事，但是，在游戏的过程中，小杰的内心逐渐建立了秩序、信心和希望，也增长了智慧。

　　由此我也想起了之前接触的那些在学校里尊严受到老师损害的孩子们的个案，包括在这本书里的一些个案，感触很多：在成年人的世界里，孩子们总是弱小的、无知的，需要有智慧、有经历、有故事、收获了很多人生经验的我们去不断地教育、去叮嘱、去盯着他们，没有了我们他们就不能变好、不能向上、就管不了自己……所以，我们要尽一切办法"扶持"他们。殊不知每个孩子的心灵都是五彩斑斓、铺满了青草点缀着鲜花的，我们唯有小心翼翼地守护，他们才能绽放出灿烂的人生。任何对孩子的不信任，对孩子心灵的肆意践踏，都有可能在孩子美好的心田里，种下黑暗果实的种子。

走进心理治疗室的初中生

我渴望　人世都像那蟠桃宴
滋润的不只是感官　还有心田
我渴望就算自己像天空中的一颗小星
也能为夜空闪烁出我最大的跃动

可是　人世间总是有那么多苦涩的泪水
痛苦的心只能在伤痛中种植甜蜜
也许最终　努力地活着会成为唯一的真理
迎着曙光前行　也将成为终身的追寻

可是有时候心还是像那沙漠中的沙粒
痛苦寂寥地没有了自己
我知道　心有方向　是所有生灵的期许
之所以历经劫难而坚韧
也许就只为探寻生命的真谛

第一个故事　有一个女孩，叫华漓

这是一个女孩联合我"打败"她妈妈的过程。

那个 2 年前我们刚认识时已 46 岁的郁闷的妈妈每次带着女儿来到心理治疗室的时候，几乎每次女儿都说自己"脑子里一片空白"，然后就跟医生说："那就说说妈妈的事儿吧！"于是，她妈妈就和我叨叨开了，她或旁听不语，或指点，或提醒，于是，这娘儿俩家庭里的故事就被一步步地展开。

1. 不断哭泣的女孩

这个 14 岁的女孩子斯斯文文的，短短的头发，穿着打扮像个男孩子。她跟随妈妈来看精神科医生，之后由精神科医生转介过来做心理治疗。"这个女孩，经历了很多的事情……"看到精神科医生欲言又止的样子，为了保护她的隐私，我想：她的故事还是由她来告诉我吧！于是我即刻带她到我的诊室。

她叫华漓，来自广东省 B 市，目前正在休学。

一进入到心理治疗室，她就开始低头哭泣。她的妈妈满是疼爱地看着她，看得出来这个妈妈比较理智，表现出的坚强和对于华漓的疼爱让我感觉到这个妈妈也不简单。华漓妈妈告诉我，华漓自从上初中开始，就反复地跟妈妈说：她感觉到自己的思想停滞了，想不出事情了，现在情况越来越严重，更是做什么事情都没有兴趣，甚至连活着的欲望都没有。我问华漓她是不是因为这件事情而哭泣，她点头称是。

"你确定你感到的是'伤心'吗？"我问华漓。

"是的。"她说话低沉，运动裤、运动鞋，上衣外套也是偏男性的那种，整体衣服以黑白搭配为主。直觉告诉我：这伤心，可能不只是来自于不能学习、不能思考那么简单。于是，我给她和她妈妈布置了曼陀罗画的作业，并约她们在中午的一小时里见面。问及华漓的爸爸，她妈妈告诉我，她们是单亲家庭，华漓的父亲已经在华漓 1 岁多的时候去世了……

中午我看到的，首先是华漓的生命之轮曼陀罗（见图 2-1）：图右上角的亲子关系部分是一团乱麻，右下角的自我追求部分也是一团黑，如乱麻；第二张图片（图 2-2）是情绪曼陀罗，画的是完成第一张曼陀罗画后的心情表达，她画出的也是一团乱麻——这中间到底有什么样的故事呢？我开始有了所有心理医生接触到来访者时的那一份好奇。

心理曼陀罗（一）

1. 请在大圆内绘出你内心相应的意像或者故事。

2. 体会你的作品并描述你的心情。

绘画后的心情：__无__

左下：请画出你印象中的父母关系；　　　　左上：请画出你意向中的你的亲密关系；
右上：请画出您自己的亲子关系；　　　　　右下：请画出您的自我追求；
中间：请画出您的自我意像。　　　　　　　您的姓名：　　性别：女　年龄：14

联系电话：_____　时间：_____　作品的名字：无题

图2-1　华漓的生命之轮曼陀罗画

心理曼陀罗（二）

请在大圆内画出你内心此刻相应的情绪。

图2-2 华漓的情绪曼陀罗画

图2-3、图2-4是华漓妈妈的两张曼陀罗画，总体的感觉是：轻轻地描述，接近完美的图案，看后感觉比较舒服；另一种的感觉却是：不那么自信地、用心地保护着自己。遵循华漓的意见，我们先一起看看妈妈的画。

心理曼陀罗 （一）

1. 请在大圆内绘出你内心相应的意像或者故事。

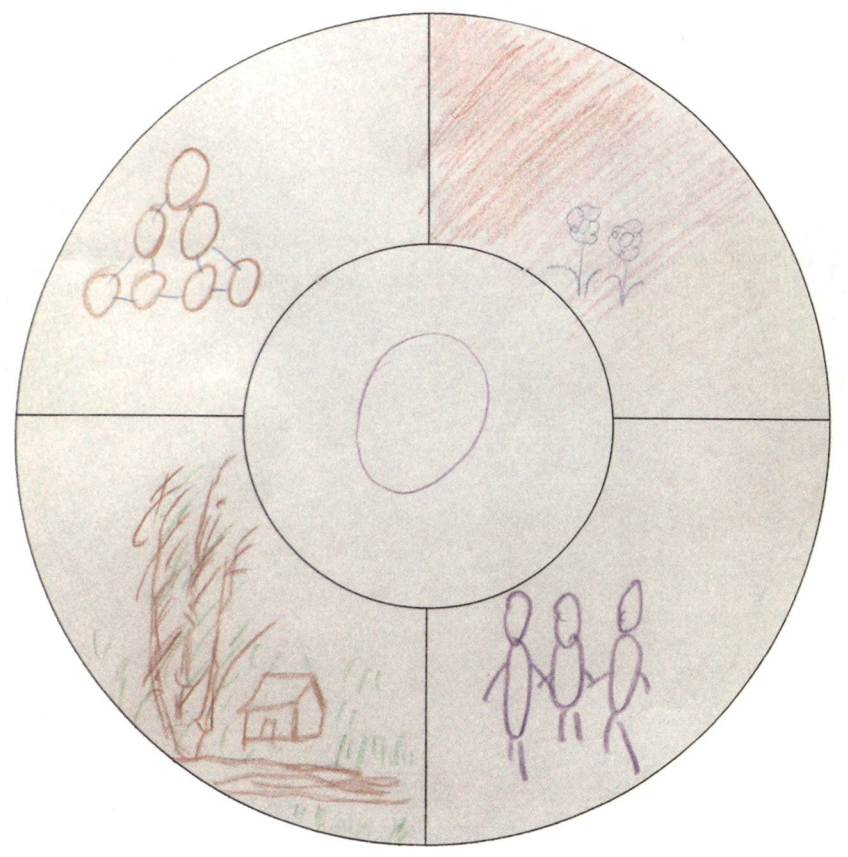

左下：请画出你印象中的父母关系；　　　　右上：请画出您自己的亲子关系；
左上：请画出你意向中的你的亲密关系；　　右下：请画出您的自我追求；
中间：请画出您的自我意像。

2. 体会你的作品并描述你的心情。

作品的名字：_____　绘画后的心情：_____　您的姓名：_____　电话：_____

图 2-3　华漓妈妈的曼陀罗画

心理曼陀罗（二）

请在大圆内画出你内心此刻相应的情绪。

图 2-4 华漓妈妈的情绪曼陀罗画

华漓妈妈看着自己画的生命之轮曼陀罗画左下角的父母关系部分说，她的爸爸非常保护妈妈，就像大树守着屋子；左上角的亲密关系部分，代表着自己的人际关系——方方面面都要顾及，因为她目前是一家国企单位的第二位领导；右上角亲子关系部分的两朵小花，无疑代表着她们母女俩，她说："这么多年了，经历了无数的风风雨雨，一直相伴地活着"；右下角自我追求部分她画的是她的渴望——以后有个伴侣，能和女儿一起，一家三口快快乐乐地生活。图2-4是她的情绪曼陀罗，表示她的复杂的心情，千丝万缕，但还是有序的。

"这是一个什么样的女人呢？"我在心里问自己，如此完美地保护着自己的女人，画出的亲子关系和女儿画的截然相反。看着她，我说："在治疗前，我想问一句：可以谈谈爸爸吗？"

华漓的妈妈稍微思考一下，说："如果要讲起华漓的爸爸，我更想从我的家庭讲起。"于是，我们有了以下的故事。

华漓妈妈的父亲，也就是华漓的外公，是华漓家所在城市一家企业的领导，外向、开朗，做事很有魄力。华漓的外婆和外公的性格完全相反：内向、孤僻，一生中都没有结交到和她走得近的好朋友。华漓妈妈有一个姐姐、一个哥哥，共三兄妹。姐姐不像爸爸也不像妈妈，可能是属于爸不疼、妈不爱的孩子，从小喜欢和哥哥妹妹争吵、争夺，患得患失；她的哥哥内向孤僻、比较懦弱，像他的妈妈，但是没有感觉到他爱他的妈妈；华漓的妈妈深得爸爸的疼爱。

我看着华漓的妈妈，问："很多方面，你更像你的父亲，是吗？"

她陷入了回忆，说："是的，也许哥哥太像妈妈，没有爸爸的大气和豪爽，所以爸爸不喜欢他。"

"在你和妈妈之间，你爸爸更爱你？"

"嗯，也许……"她又双眼含泪。

"姐姐对于父母特别是父亲对于你的偏爱怀有嫉妒？"我大胆说出我的推测。

"现在看来，应该是的。"

我的感觉得到了证实，问她："等你们都长大了，会有很多矛盾吗？"

"是的，"华漓妈妈深深地叹了一口气，"当我们兄妹都长大了之后，我的父亲开始为我们兄妹结婚买房子，先是哥哥和姐姐，后是我。我的丈夫是我的初恋，他长得真的很帅，只是他的家乡是在另一个省份的一个比较贫穷的山区，他是来我们那个城市打工的，一个偶然的机会我认识了他，对他一见钟情。虽然他性格多疑、敏感，但是说起话来头头是道，彬彬有礼。我的父母也觉得这个人虽然文化水平没有我高，但是心细、善良，体贴我、心疼我，也就同意了我们在一起。结婚之后，我才发现他好高骛远，大事做不来，小事不愿意做，想问题容易偏激，情绪经常不稳定。"——当她这样描述自己的丈夫的时候，我发现坐在一旁的华漓脸上没有一丝的表情，我心里产生了一丝怜悯，也许，没有任何的感受对她来说，是最好的选择。

"你们结婚之后都发生了什么事情呢？"

"我的父亲之前在当地买了一个独家院，环境特别好，结婚之后，我的父母和我们夫妻就一起搬过去住了。"

"这是你们兄妹关系破裂的开始？"

"是的，"华漓的妈妈开始有点哀伤，"现在回过头来推测，也许就是因为父母选择了和我们一起住，引起了哥哥姐姐的嫉妒，所以他们才开始争夺我父亲的房产的。哥哥懦弱，嫂子就带着自己的娘家人来闹，姐姐也带着她的丈夫来吵闹，实在没有办法清净，我就在生了华漓半年后搬出了这个院子，和父母住在市中心父亲的一套房子里。"

"之后呢？"我的内心充满了对这个女人的怜惜。

"那个院子给了我的哥哥。"她无奈地笑了笑。

"姐姐也会不满意？"我猜测。

"是的，她之后开始了漫长的争夺爸爸其他房产的战斗。"她把"战斗"二字加重了语气，可见当时争夺之激烈。

"无论如何，父亲站在你的一边？"我问。

"事实确是这样。"她点点头。

"哥哥姐姐会怎么样看待你？"

她顿了一下，有那么一点不好意思地说："在他们眼里，我会'来事'吧！"

"像爸爸？"我笑了笑。

"是的。"

"后来呢？"

"我的父亲在房产基本分完之后得了癌症去世了。"瞬间，她的眼里满是倔强和眼泪，她狠狠地擦了下眼泪，眼睛似乎在看着远方——那里，有她哀怨的父亲……

"肝气郁结而致"这是我心里的第一反应。我曾做了一些癌症患者的心理问卷，发现很多患者都有现实中的一些无法面对和解决的痛苦，从中医的角度讲是肝气郁结不能疏泄。也许因此，人体里就产生了消极逃避的愿望，属于"侵略分子"的癌细胞开始疯长，生命开始被一点点地吞噬……

沉默了那么几秒钟，感受着她的感受，之后我轻轻地问：

"说到你的丈夫，为何要说起这些？"

"那时，我既要带孩子，又要工作，回家后又要面对家里的这些麻烦事，我的丈夫又不能帮我多少，他的家里人认为他'嫁'给了一个有钱的老婆，所以也经常伸手要钱，我的压力很大，有时很烦躁，当然也无暇顾及我丈夫的情绪，夫妻之间有时候会吵架。有一次他的父母要为他们的亲戚借钱，我很清楚那都是有借无还的，我丈夫工资不高，跟我要，我没给，为此我们又小吵了一次……那天晚上他没有回家，第二天，有人在附近的河里发现了他的遗体。有的人说他是自杀的，有人说前一天晚上看到他喝酒了，猜测可能失足掉河里了……谁也不知道具体的死因是什么……我婆家的人知道我丈夫出事前我们曾吵过架，就认定华漓的爸爸是因为我而自杀的，或者是我故意杀死了华漓的爸爸，他们更倾向于后者。"

"当时报警了吗？"我承认瞬间我的内在有一种情绪叫"愤怒"。

"婆家报警了，说我涉嫌杀害了他。"她也很愤怒。

"结局呢？"我问。

"不了了之。警察的结论是：未发现有他杀的证据。我也没有杀害他的必要啊！"她摊开了双手，无奈，流泪……

"和自己的亲人为房子'战斗'后，你又连续失去了最亲近的两个人！"我无以言表内在的或许和她一样的伤感。

"嗯……"华漓妈妈突然大哭起来，华漓默默地、贴心地为妈妈不断地递纸巾。

几分钟之后，华漓的妈妈安静了下来，她喝了我给她倒的热水，整理了一下情绪，静静地叙述："到我们家后，也许有自卑心理，华漓的爸爸很敏感，很怕别人看不起他，总想干大事，但又是那种大事干不了，小事不愿意干的人。为了他能有点作为，从我们拍拖到结婚后，我爸爸也资助过他做一些大小生意，结果他都没有搞好还常亏本。之后他更敏感，有时候会为鸡毛蒜皮的事情和我吵架，他的父母就以为我们关系不好……""我其实很爱他的……"她满眼的痛苦，看我点点头后，她继续叙说："在他去世之后，我才知道他在之前做生意的时候，还爱上了一个外地来打工的女孩……"华漓妈妈又伤心地哭泣。

"他出事之前你和他吵过架，你多少还有点内疚；之后发现这事，你的心情一定很复杂？"我有点怜惜她。

"是的，很无助和彷徨。"华漓的妈妈又泪如雨下，"那时我的孩子还小，亲人们都说，如果我太伤心了会对孩子不好。我也没有机会伤心，因为我马上就要面对来闹事的婆家一家人，他们口口声声说我害死了我的丈夫，到处告状，要我偿命。在警察调查我们的过去的时候，我才得知我丈夫曾背叛过我，我感受到了很深的绝望和失落。"

"肯定了。"我怜惜和为她感到难过。

"找到我丈夫的遗体后，我的婆家还一定要解剖遗体。解剖的时候，法医一定要家属在场，我的婆家人就坚决要求我去。那时，我想：去就去，我又没有做过什么伤天害理的事情！"

"你看着你的丈夫被解剖？"

"是的。为了这事，我恨他们，永远！"她呜呜地哭着，那是压抑了很久的哀伤和愤怒……

"这真的是太残忍了！""他们在惩罚你！"我轻轻地说，很生气和难过。

"是的，我永远也不会原谅他们！"她把头埋在胳膊里哭泣，一边握着拳头说。

空气中弥漫着压抑的气氛……

安静后她继续叙说："溺亡事件刚刚停息，我姐姐又来算计我妈妈的房子。以前我妈妈要把她名下的房子送给我的女儿，我姐姐说，那房子有我爸爸的份，那就有她和哥哥的份，所以，她坚决不同意妈妈把房子给我女儿。"

"一直是你在照顾妈妈吗？"

"是的。哥哥一直和爸爸不和，姐姐不愿意照顾父母，只有我和他们一起生活。爸爸去世后，也只是我照顾妈妈。"

"感觉这么多年来，你都是在'战斗'！"

"是的。这么多年来，我身心疲惫。"

"你这么累，有个人是一直看在眼里的！"我看着她，之后我们一起把目光转向华漓，我说："没有任何亲人能帮到你，可以说你已经是孤军奋战了，但是，你身边还有一个女儿。"看着像个男孩子的华漓，我继续试探着说："也许，在华漓的内心里，她会不时地有一个这样的假设或者渴望——如果我是个男孩子，我就能帮到我的妈妈了，是吗？"

就在那么一刹那，我看到了华漓的眼睛里有一道惊喜一闪而过，她急促地说："是的，是的！我常常想成为男孩，但我知道我不是男孩，所以，我也经常很矛盾和痛苦。"她的情绪瞬间转为低落。

"矛盾的结局就是有时候什么也不想，让自己没有感情没有痛苦没有想法，脑袋瓜一片空白，是吗？"我一边夸张地做着手势比画着，一边调侃她。

华漓有点害羞地笑了，妈妈有点疑惑地看看我、看看华漓，我没有解释什么，只要华漓和我明白其中的含义就好。

回过头来看这个个案：华漓感知到自己帮不上妈妈，感知到自己也不能成为男人保护妈妈，所以，失去了原本的自己。和妈妈黏在一起，也许是她能给予妈妈力量的途径。

我整理下情绪，让自己从华漓妈妈带来的情绪中跳开来，我问道："我想问个问题，回过头看，你怎么评价你和华漓爸爸的这段婚姻？"

华漓妈妈很吃惊，看得出来她从来没有探及这个问题，她想了想说："我还是很感恩这段婚姻。虽然一开始我的婆家和我的家庭都不是很同意这段婚姻，但是，我很爱他。真的，年轻的时候他真的很帅！华漓像他！"她哀怨地看了一眼华漓。

"但是，华漓是女孩。"我强调说。

"嗯。但她就是像她的爸爸！"

"女孩像爸爸很正常。"（也许，华漓像个男孩，有一些暗示在里面，妈妈的和她自己的……）

"你们其他方面呢？"

华漓妈妈边思考边说："也许我们的结合对他并不是一件好事。两家无论从经济上还是文化上都是有差别的。他的家人朋友都私下说他高攀了，也许就是因为这个，让他很自卑。"

"嗯。婚姻是有门当户对一说。你嫁给了那样的家庭，出事后发生了那些事情，其实，从他们的认知和文化的角度讲，那是很自然的事情，是吗？"

"是的。如果是另外一个家庭，后续发生的事情也许就不是那样的。"华漓妈妈开始反思。

"所以，当初你和你的丈夫结合，后来发生的一些事情就注定了的？"

"嗯，也许是的。""但我永远不能原谅他们！"华漓妈妈眼睛流露的，是决绝的、倔强的眼神……

华漓低着头，眼里有泪……

2. 第二次见面

这次，还是妈妈和华漓一起进了治疗室。华漓还是那样有点退缩，进来后也不主动说话，或者说，没有主动沟通的欲望。当我问过去的一周的情况时，华漓妈妈说华漓的情绪稳定一点了，接着她把话题转向了自己："我想通了，这么多年来，我一直处于各种战斗之中，消耗了我太多的精力，我觉得，我该放下一些东西了，否则，我被这些东西搞得团团转，这么多年来，都不知道自己到底在追求什么？"

"人生中，如果我们把握不了自己，是会被很多东西牵着走的。"我附和道。

"是的，我也希望华漓能在治疗期间清理一下自己，我们都能把自己调整下，以后活得好一点。"她看着华漓满是期待。之后，她走出治疗室，留华漓和我在一起。

当我问及华漓最近的情绪的时候，她说她什么都想不起，也问不出典型的抑郁症状。于是，我让她评估自己的情绪，满分为 10 分：0 分代表她情绪低落到什么情绪都没有了，感觉活着没有任何的意义了；5 分代表她的情绪像平静的湖水；10 分代表她兴奋到已经不能控制自己了。她说，她的情绪应该有 3～4 分。那么，她的情绪还是比较低落的了，我初步认定她是因为情绪低落引起的健忘。把这个问题搁在一旁，我邀请她介绍下她的成长经历。

华漓说："在小的时候，印象最深的是我经常因为妈妈的工作调动、家里换房子住而转过好多次幼儿园。我记得很清楚的是：每次到节假日的时候，外婆总是要带着我去她儿子家（我发现她不叫他舅舅）。儿媳妇并不是很欢迎婆婆过来，但是，我的外婆还是要带着我去，因为她很想看见她的儿子。这样不但外婆得不到很好的招待，我也不被表兄妹欢迎。但我不得不跟着外婆去，所以，我要经常受到表兄妹的欺负。表姐是个嘴巴很甜的女孩，人前一套，人后却是另一套，尖酸刻薄；表哥也总一副盛气凌人的样子，对我不客气。那时候我不知道应该把这些告诉妈妈，总感觉是自己不够好。外婆是一个和周围的人都不说话的人，她带着我的时候，也不允许我和别的孩子一起玩耍。所以，在我的整个童年里，没有一个可以和我玩耍的小伙伴。读小学的时候，我也试着和小伙伴玩耍，但是我总是和同学格格不入，如果有女同学和我亲近，我的身上会起'鸡皮疙瘩'。我也曾试着像男孩子一样和女孩子相处，那样好像可以和女孩儿保持点距离，我就会感觉到舒服点，可是，这样我又不知道该怎样和男孩子相处了。后来，我选择了不和男孩子说话，只和一些女孩子保持着偶尔的有距离的互动，直到读初中……"

华漓后来和妈妈也反复多次说过这段经历：因为一直都没有和她谈过心里话的小朋友，没有和小朋友聊天的习惯，长大后她很想和同学们聊天，但总是不知道和同学聊点什么，更不敢和同学大方相处，从幼儿园开始，她就一直显得很不合群。为了适应内心的孤独，她就让自己一直处于一种平淡如水的状态。她不喜欢这种状态，但是一直走不出来。直到读初中了，妈妈才发现了她的这个问题，于是，妈妈开始经常主动地邀请一些家长带着孩子一起去玩，但是，华漓还是和小伙伴们玩不到一起。就在一年前，上了初中的华漓，突然觉得自己好像脑子一片空白，想问题想不出来，注意力不够集中，学习没有办法继续，十分担心和害怕，于是，妈妈带着她来诊治。

"读了初中，发生了什么事情吗？"我轻柔地问她。

"到了新的学校，有点不适应吧！"看得出来她有点紧张。

"就像之前说的，不知道该如何和同学相处？"

"是的。"

"还有呢？"

"我妈妈拍拖了，和一个我不喜欢的叔叔。"她竭力地想表达清楚。

"为什么不喜欢那个叔叔呢？"

"那个叔叔还有其他的女朋友，别人说他对他的前妻也不好。"

"可这是妈妈的事情，是吗？作为孩子，我们做不了什么。"我看着她。

"我知道。我只是不喜欢而已，我知道我改变不了妈妈，我唯一能做的，就是只要他给零花钱，我就拿！"她不好意思地笑笑说，我也忍俊不禁。

"叔叔会来家里吗？"我回到正题。

"会。"

"会给你造成干扰吗？"

"会。"

"你怎么应对呢？"我承认自己有点紧张了。

"他一来，我就躲在自己的房间不出来。"她有点自嘲，但是，我感受到的是难过。

"除了不喜欢他，关于他，还有别的原因让你不开心吗？"

"我不知道该怎么样和他相处。"

"嗯……"我点着头表示理解。

"我一直和我妈妈生活。妈妈以前说什么就是什么，很强硬。可是，现在她变了，变得很温柔，我很不习惯她和她的男朋友相处时候的样子。"

"是否可以这样说，妈妈以前在这个家里的角色不只是个妈妈，好像还有点像爸爸？——她以前是双重身份？"

"应该是的。"她似乎在内心里评估了一下说。

"现在体会下以前妈妈的双重身份给你的感觉是什么？"

"很安心。"

"从小习惯的原因？"

"应该是的。"

"习惯确实能给人安全感，你是不是特别害怕你的习惯被打破？"

"应该是的。"

"从幼儿园开始？"

她低着头沉思了一会，说："嗯，是的。"

"但是我们也看到了，你跟随妈妈转换了那么多居住地，读了好几家的幼儿园，一定也经历了很多的孤独，你最终还是挺过来了。你觉得是什么支持你这么艰难也能熬过来呢？"

"有妈妈的陪伴吧。"她想了想说。

"所以，如果妈妈改变了，你会感觉你的世界最底层的基础坍塌了？"我用手比画着说。

"是的。只是现在妈妈改变了，和妈妈没改变我改变了一样，我都不会舒服的。"

"可你们以后终究是要分离的啊！妈妈是她自己的，她要有她的生活。你以后也要有自己的家，拥有自己的爱人、自己的生活。"

"我知道我和妈妈会分离，但是，不是现在。"她说，"我还没有准备好！"

"你是指哪方面？"我问她。

"我现在生病了，很着急，等我好了，而且她也要好，我们才能分开。"她努力地整理着自己的语言。

"为何妈妈也要好呢？"

"她不成熟。在找男朋友方面，在和我相处方面。所以，我觉得我妈妈更要改变。"

"妈妈和你的相处存在着什么问题呢？"我问。

"她很强硬，自己觉得是对的就一定是对的，也很暴躁，有时候会发脾气……"

（华漓并不想继续单独谈及妈妈太多，但是，后来在华漓单独来做治疗的时候，我们的话题是从这里开始的。）

……

3. 伤口上撒了一把盐

这是华漓第二次单独和我聊天。那天，我第二次见她哭泣，我被深深地触动。那天之后，我不止一次地思考这个问题：华漓的伤痛，是否也间接地刺痛了我？以至于我每次想起她的时候，都有一种心痛的感觉，直到她来治疗已经三十多次的时候，她的周围发生了很多变化，她也逐渐发生了很大变化的时候，我才随着她的内心的安静而安静了下来。人生就是这样，谁也不知道，你的心底里到底藏了多少自己可能都不知道的伤痛。你走着走着，不提防地，就会被一些不经意的事件触动那一碰就难以描述的痛。

我们看看华漓的成长过程：在她的人生中，因为爸爸的过早离世，她所接触和认识的第一位男性是她的外公。外公对华漓，是百分百地接受和疼爱，可惜，他陪伴她的时间有限，还没有等到华漓长大外公就因病离世。之后，华漓就经常由外婆带着。幼儿园到小学的阶段，华漓接触的男性是她那个懦弱的、和她的妈妈还有隔阂的舅舅，这个舅舅能给予华漓多少温暖可想而知。妈妈偶尔组织的社交活动，也许会让华漓接触"别人的爸爸"，但是对于一个没有爸爸的孩子来说，华漓的感觉只是"挺陌生的，不知道该如何相处"。在日常生活中，华漓还接触另外一些男性——男老师。我们看看老师带给了华漓什么。

对于孩子们来说，读书，是一件十分"了不起"的事情，那不只意味着自己长大了，即将承载父母先辈的寄托，还意味着孩子的一只脚已经踏进社会了。哥哥姐姐们读书的模样、父母众人对于孩子们读书的关注，使得在走进校门的那一刻所有的孩子心里都充满了憧憬和向往，还有好奇。读书，对于他们来说也就是一件十分神圣的事情。相信所有的家长，当他们把孩子送往学校的那一刻，都充满了骄傲和期待：孩子长大了，可以扬起通往人类智慧的风帆了。当然，那里，也有我们特别信任和尊敬的人类知识的传播者——老师！尊师重道，一直是我们民族千百年来的风尚。

可是，就在华漓磕磕绊绊地读到小学四五年级的时候，她碰到了一位男老师，这位"人类灵魂的工程师"彻底打破了孩子们对于老师的崇拜和敬仰。一位属中老年的男老师，以批改孩子们的作业为名，经常让女孩子们去他的办公室并猥亵这些年幼的女孩子。更为过分的是他甚至还在班上孩子们做作业的时候偷偷地摸那些女孩子的身体……，谁会想到，学校竟然有如此不能控制自己动物本能的"禽兽"！传统的中国文化里，老师都是那样的兢兢业业和无私奉献，老师的形象就如"老子""孔子"那样知识渊博、传道授业解惑。我相信大多数家长从来没有想到：个别男性老师也可能是"坏人"！孩子们进学校和能不能在学校"读"得好，我相信大多数家长都明白，孩子从此的命运，往往不只是孩子们自己的智商所能决定的了，还和老师对于自己孩子是否接纳和关注有关，自然，多数家长对老师都会深深地敬畏。

家长们对于老师的态度孩子们不会感觉不到，自然，在孩子们的眼里，老师们是高高在上的！不可侵犯的！是不会犯错的！不会是坏人的！

我相信，当老师的"魔爪"伸向孩子们的时候，无论对于男孩还是女孩，特别是被侵犯的女孩子，内在的对于老师的认可和现实的这个老师的做法，会在孩子们的内心里形成强烈的冲突。只要是看到一眼，这个画面也许就会刻在了男孩子的心里，将对他以后对待女性的态度产生深深的影响。而对于当事的女孩来说，她们内心里隐隐感觉这种行为是不对的，但是，老师怎么会是错的呢？强烈的内在冲突的最终结果，就像华漓所说的——女孩子"自己对自己很愤怒！"

我也相信多少年后，当逐渐明白了当初发生的事情是怎么回事之后，自然而然的，这些孩子的内心会产生一种对于老师的愤怒以及对于自己的排斥，总之，会有一种混乱在其中。说起这事的时候，华漓像其他的曾经受过这样伤害的女孩子一样，在心理治疗室里面泪流不止。每当这个时候，我更多的是愤怒和难过。华漓说，从那以后，她更不会和男性相处了，特别是成年男性，更多的时候，她十分希望自己是个男孩子！——过早地失去了父亲以及外公，失去了一个孩子成长过程中男性角色带来的一片安全的天空；现实中接触的又是没有亲情流露的舅舅；在刚刚接触社会的时候，又遇到一个这样的老师；现在，走进华漓生活的母亲的男朋友，又是一个华漓并不喜欢的后父角色！——我感受到了治疗华漓的难度。而在整理这个案例的今天，我突然明白，也许，华漓更合适一个男性的治疗师角色，而我，只是她治疗过程的一座桥梁，但愿我这座桥梁能帮助她和妈妈顺利渡过。

那天，华漓告诉我，那个老师最后还是被家长们投诉了，是因为太多女孩把这件事情告诉家长引起了家长们的注意，结局是那个老师没有被免职，而是被调离了这个当地比较好的学校，去了另外一个较为偏远的学校（我的手心真是捏了一把汗）。我向华漓表达了我的担心，华漓说，她大概知道那个老师住在哪里，她可以回家后查到那个老师是否还在教书。我支持她，如果发现那个老师还在学校教书，可以采取一些方法把这件事情告诉那个学校的校长（具体方式是我们两个的秘密）。我们阻止不了那个老师去工作，但是，可以让别人监督他！以前我们做不了什么，因为我们还小，现在我们长大了，可以做一些"反击"的事情了！那天，华漓走的时候，我感受到她轻松了很多，眼睛也亮了很多。

一周之后，再见华漓，她告诉我她上次回家后通过她的小学同学特意打听了那个老师的情况，那个老师已经退休了……

"那你打算原谅他吗？"我问。

"我不会原谅他，但我以后有机会再遇到他时，我不说什么，我会狠狠地瞪他一眼！"我表示赞成。

也许，当一位做了一辈子老师的人老了、退休了，收获的不是桃李满天下的学生们的尊敬和祝福，而是"狠狠的眼光！"——白活了，是吧。

那天之后，华漓在治疗室里就再也没有哭过。

4. 妈妈的妥协

在接下来的治疗中，首先是华漓妈妈陈述了她的男朋友的事情：华漓妈妈的男朋友是她事业上得力的帮手，两个人联手创造了企业的辉煌，在工作中他们慢慢相识相知。"自从和他在一起之后，我感觉自己柔和了很多，我觉得我需要这个男人来支撑我的生命，我承认，我没有顾及孩子的感受。"当我了解到这个男人的背景是曾经娶了一个有经济和政治家族背景的妻子，在家中并不被妻子和她的家族看重后，我让华漓妈妈以旁观者身份观察这个人，她说，他的身上有着自己父亲能干的影子，同时，也有自己的丈夫婚前婚后相同的境遇，只是，这个男人在她的帮助下成长了，而自己的丈夫没有这个机会。华漓的妈妈突然意识到，她之所以爱上这个男人，是她潜意识里想通过和这个男人的交往，让自己之前没有圆满的婚姻通过另一个和丈夫境遇相像的男人来完成：她给予他支持，他给自己扶持；她也通过这个男人，感觉到好像自己能干的父亲继续留在自己身边……说起这个人也像自己的父亲那样能干、理智，华漓妈妈忍不住又哭泣了起来……

华漓的外公是一位企业老总，外婆以前是华漓妈妈现在公司的财务人员。作为家中最小的女孩，聪明伶俐的华漓妈妈深得父亲的疼爱，因为特殊原因，外公让当年还能上班的外婆提前退休，让华漓的妈妈接了她的班，从那之后，华漓的外婆就经常生病。华漓妈妈说，她最不能忍受的是她平时要逛街，她的妈妈就一定要跟着去，自己买什么衣服，妈妈也一定要买什么衣服，如果华漓妈妈看上一件衣服没有第二件，她的妈妈就会很生气，最后华漓妈妈也只能放弃购买，这一度让她很无奈和郁闷。

"感觉你的妈妈心里很不平衡，也许，她在和你竞争。她在和你竞争什么呢？"我问华漓妈妈。

华漓妈妈愣了一会儿，悠悠地说："也许，她在和我竞争爸爸的爱吧！——她竞争不过我！"华漓妈妈笑着擦着眼泪说。

在华漓的外公去世之后，华漓妈妈的内心是崩溃的，她知道，爸爸在世的时候他还能管下妈妈，爸爸走了之后，没有人可以帮她管妈妈了。

"这么多年的争斗和妈妈的折腾，确实消耗了我很多的精力。现在，我觉得，我应该为了自己而活，华漓的生病确实给了我很大的震动，觉得这些年，那些纷争都不重要了，我也不想和哥哥姐姐争爸爸妈妈的财产了。只要我和我的孩子能平平安安的就好了。我也不期望华漓能有多大的出息，平平淡淡就好。"

经过几次见面，我也对华漓的情况有了进一步的了解。梳理华漓的成长过程，我意识到华漓的问题主要在于她的社交障碍。华漓还在妈妈怀抱里的时候，原本主要任务是照顾孩子的妈妈，就已经牵扯到家庭的财产纠纷中了，之后，是丈夫离去，再之后，是自己的父亲离世，这中间，忽略了婴幼儿对妈妈的依赖。再之后，妈妈上班了，华漓的主要照顾者是外婆，孤僻的外婆又给华漓创造了一个与周围的社会脱离的环境，幼年的华漓一直处于没有玩伴的状态，这严重地影响了她读书后和小伙伴的人际关系。小学老师对于女孩的猥亵，使得在她小小的世界里，对男人产生了更深的疏离感。在这种情况下，华漓的心理只能和妈妈产生更深的依赖，就像华漓的妈妈在曼陀罗画里所呈现的那样：两个人相依为命，更确切地说，两个人的心理互为依附（心理学里称之为"共生"）。现在，有个"大男人"（母亲的男友）闯进了她们的生活，妈妈有了新的依靠，而华漓感觉就像被抛弃了一样，华漓在治疗室内对妈妈说："我虽然不喜欢你以前对我的暴躁，不喜欢什么都是你说了算，但是，我更不适应你现在的温柔，你好像变了一个人，我听到你说话像女人的声音，我不适应。我宁愿待在我的房间里不出来……"

那天，华漓妈妈表示她不只是为了华漓，也愿意为了自己离开那个男朋友。

在接下来的日子里，华漓开始复习功课了，她说，妈妈和她的男朋友分开之后，她觉得在这个家里自由了很多，她可以在自己的家里随意做自己想做的事情了。

"但是，这只是妈妈的家，是你的原生家庭。以后，无论妈妈找到一个什么样的男人回来，那都只是妈妈的事情，是吗？"在一次治疗中，我这样对华漓说，然后正式地跟她说："我个人认为，妈妈要找的人，是能陪她过未来日子的人，对于你来说，他只有一个代名词，叫'继父'！""你只有一个亲生父亲，他是一个郁郁寡欢的人，一个没有找到合适的方法活在这个世界的人。我相信他一定会在天上保佑你的！"

"会的！"华漓的妈妈接着我的话对华漓说，"你的爸爸虽然和你相处的时间不多，但是，他还是很爱你的，他抱着你的时候特别开心……"

"不管怎么样，你选择什么样的男朋友我都不开心！"华漓对妈妈说，虽然表达得不是那么顺利（感觉是自信心不足），但是她在竭力表达："我希望有自己的私人空间！"

"我以后尽量给你足够多的私人空间。"妈妈答应到。

"我还是认为你妈妈在选择男朋友，不是你在选择父亲，对吗？"我对华漓说，"如果你不喜欢妈妈的任何男朋友，那么，我支持你坚定地读好书，以便将来离开这个家！能拥有一个真正属于自己的家！"回过头来看，那时，我已经暗度陈仓地促成华漓和她妈妈的分离了。

"嗯。"华漓答应着，面对着她的母亲，她的神态突然改变了，迟疑了一下，她好像是鼓了很大的劲说："你以前脾气很不好，动不动就骂我，骂得我不知道怎么还口。"

"我错了，女儿。"华漓妈妈又伤心地流泪了，"你也看到了，妈妈现在已经改变了很多。虽然那个叔叔不是很合适妈妈，但他对妈妈的感情，也让妈妈变得柔和了很多。我知道以前的我对你造成了很多的伤害，现在，妈妈在努力地学做女人，不再奢求很多事情了，包括男朋友。有，是缘分；没有，也顺其自然。妈妈只希望你和我，能安安稳稳地、顺其自然地生活。"

"你们这个家，你们自己觉得目前最主要的任务是什么呢？"我问这母女俩。

"好好活下去，别死了！"华漓突然这样说。

"你曾经想死过吗？"妈妈很诧异。

"是的，"华漓流着泪说，"我希望有自己的理想，可是我一直找不到理想，所以，我没有动力。"

我意识到，在未来华漓的单独治疗中，理想和方向，将是我们之间的一个重要话题。

"只要你决定做什么事情，妈妈都支持你！真的，不着急。"妈妈对着华漓说。

我不否认，这真是一位不错的母亲。但我的心中总是有一丝隐隐的不安，那种不安是什么？直到现在回忆的时候我才明白，是华漓妈妈的强势。每次妈妈在场的时候，华漓就像被压在石头下面，没有办法伸展她自己。而在之后华漓单独来做心理治疗的时候，华漓的叙述，证实了我的那种感觉。

5. 特有的叛逆方式

在之后的几次治疗中，我们着重探讨如何提高华漓的社交能力，但是，情况看来并不是很乐观，两个人都努力了，有一些进步，但是，当她妈妈忙于工作的时候，华漓又一如既往地活在自己的世界里了。大概是第七八次治疗时，她妈妈投诉说，华漓整天在家睡觉，没有任何办法可以改变。华漓说，她的脑袋里还是一片空白，做任何事情都没有兴趣，记忆力差，最近几天每天只吃一顿饭，其他时间，她都是在睡觉。

"你能睡那么多？能睡得着吗？"

"睡得着啊！"

我突然有种不祥的感觉：人睡着了，不就像死了一样吗？

瞬间脑袋空白了一下之后，我突然意识到：对华漓的治疗我寄予的期望太高了！她还是没有完全和妈妈分离！她还是像以前一样，以脑袋空白应付、面对我，她在逃避！她为何要逃避？对妈妈的各种不满只是她的借口？她以逃避在攻击妈妈？她在叛逆？她在以死叛逆？为何？

我突然意识到什么，我邀请她妈妈再次进入治疗室。她妈妈进来治疗室坐下后，华漓就像个孩子告状一样对我说："我想先给你说件事，我妈妈和她的男朋友和好了。"

她妈妈尴尬地看了看我，不好意思地说："是的，我们和好了，毕竟好多年的感情了，不是说断就能断得了的。"

之后她告诉我，她的男友现在很少来自己的家了，但是她还是拿华漓没有办法。她整天睡觉，给她报名去补习，她说因为那里有男孩子，她不知道该怎么和他们交往所以就退缩不去了。报名参加的游泳班也因为害怕和别人打交道不去了，怎么说也没有用。

"这是社交障碍吗？"我有点犹豫了……

我突然明白了——华漓是在和妈妈对抗！我试着慢慢地理清自己内在的那种感觉："华漓，你是在以放弃自己的方式和妈妈对抗吗？"

想起她的状态，我说："你的长时间沉睡，我怎么感觉就像一种一定意义的死亡状态！——为什么？你想死？"我承认我明显地震惊了。

她仍旧没有表情，看了看我，双目下视，似乎默认我的疑虑。看到这样，华漓妈妈委屈地斜睨着她，眼泪在眼眶里打转，继而唰唰地流了下来。

"华漓为什么要抵抗妈妈？为什么要死？"我脑袋在急速地运转。华漓和妈妈现在好像陷入了一种死局，出路在哪里？他们的社会支持系统还有哪些？突然，我好像意识到了什么，我急问华漓妈妈："华漓爸爸的家那边，有没有和你们联系？"

"没有。"华漓妈妈愤愤地说，"当他们一定要给他（华漓爸爸）做尸体解剖的时候，我就下狠心，以后和他们就是死敌了！我绝不允许他们再见到华漓。"

我试探着说，"可是，无论你怎么做，华漓究竟是她爸爸家族的后代啊！"

没想到她却说："我现在也意识到了，就是这次分房子的事情，妈妈和哥哥他们都不认为华漓是这个家庭的孩子。我对于这个家庭的所有付出，到现在才明白都是徒劳的。"

"但是，我相信你爸爸是认可你的。"

华漓的妈妈再次泪崩……

每个孩子都应该知道自己的来处，这是我们内在的一种需求，存在于我们心灵最深处，在心理学上，称之为"集体潜意识"。也就是说，寻找生命的根源是我们人类共同的东西。

我再转向华漓："你觉得回归你爸爸的家族重要吗？"

"我都可以。"华漓很快回答。——这是一个显而易见的答案，我想华漓的妈妈也会始料不及吧。

"爸爸不在了，那么，睡眠，像死亡一样的睡眠，你是否在向爸爸靠近？"我轻轻地问华漓。也许，在华漓的潜意识里，死，是可以回归到她的爸爸身边的最直接的途径，也是和活着的妈妈做最坚决的叛离。

华漓的妈妈再次泪崩，而华漓，面不改色，低着头不说话。

当再次平静下来后，华漓的妈妈说："说真的，我还真不知道她的爸爸埋在了哪里。听说是在一个荒山上，连个墓碑都没有。"她再次泪流不止，转向华漓说："就在前两年，听人说你的叔叔、姑姑曾经去我们以前住的地方找过你，只不过他们忘记了我的名字，所以没有找着。如果你愿意，我知道你的姑姑大概住的地方，可以有空带你去找她。"

华漓竟然点点头说："随你。"我的感觉被证实了，瞬间，空气中凝重的氛围散去。

华漓的妈妈虽伤感但有点释然："如果可以，我也可以带你去你爸爸的坟前给他烧烧香，也可以给他立个墓碑。"

"我的建议是可以去打理下那个墓，立碑的事情等华漓以后工作了，赚钱了，再给她的爸爸立碑，可以吗？你现在已经不是他们家庭的成员了。"我下意识地突然说，说完之后，我才知道我很想保护这个女人，有可能那个家庭还没有接纳她，同时，我希望给华漓一点希望。

心理治疗室里没有绝对的对和错，情急之下，我犯了心理治疗的大忌：一是给来访者建议；二是错误解读华漓的妈妈已经不是那个家庭的成员了。也许是我那天错误的解读让华漓妈妈的内心有了思考，在之后华漓妈妈见到她的家公家婆的时候，她强势反击：她还没有再嫁出去，她还是他们家庭中的一员（后叙）。

我也没有想到的是那天华漓竟然爽快地答应了自己将来给父亲立碑。而且，那天走的时候她明显地轻松了很多。

6. 家殇

有一段时间未见到华漓母女俩了，知道她们这段时间经历了很多事情，包括她们一起去乡下祭奠了华漓的爸爸。华漓曾经在微信里告诉我，妈妈去看爸爸的时候还是很伤心，她联系我，希望我能和妈妈谈谈，在一个晴朗的日子，我又见到了这对风尘仆仆赶来的母女。

华漓已经停了药，除了有时候晚上睡觉晚，其他一切正常，包括情绪也较为稳定，已经开始和以前的同学定期见面，并且开始补课了。妈妈对于男友的问题也不那么在意了，工作的担子也卸下了很多。她说，这次女儿生病之后她才开始反省自己的人生，现在才觉得以前的很多执着和追求在孩子和自己的身心健康面前都是那么的不值一提。"我自己静下来了，觉得华漓也静下来了。"华漓的妈妈说。接着，我们的话题终于谈及了华漓爸爸的家庭。

华漓的爸爸有个姐姐，在华漓爸爸出生的时候姐姐已经出嫁。那时候国家还没有实行计划生育，因为家里已经生养了 6 个孩子，经济很困难，就在他出生后不久父母就把他送给了姐姐抚养，直到十五六岁的时候，他才被自己的父母接回家一起生活。华漓的妈妈说，华漓的爸爸曾经抱怨：他的父亲从来就没有给过这个从小就离开家的儿子一个笑脸，他只要做错事，要不招来一顿狠狠地骂，要不就会被父亲用绳子吊起来打，每次都要打到他求饶才肯放手。当年，华漓的爸爸离开家乡外出打工，认识了华漓的妈妈并不顾父母的反对要和华漓妈妈结婚，其中的一个原因就是要离开他原来的家。"这次我带着孩子认祖归宗的时候，华漓的爷爷因为我先带着孩子去见了她姑姑而大发雷霆，说我没有尊重他们长辈，孩子已经到了他们村子的附近，他们也不出来相认，反而是她姑姑看到华漓后不断地流泪，因为，华漓的长相差不多就是她爸爸的翻版……"

想象着那个情景我的内心也一阵哀伤。当华漓的爸爸在很小的时候被抱离了母亲的怀抱，就注定了他以后在这个家庭的一些悲剧。因为从小不在一起，父母知道那是自己的孩子，但是因为没有情感的自然互动，父母和孩子之间始终都会有一些隔阂，加之父亲的粗暴家教，对于一个回到了自己陌生的家的孩子来说只能增加他的叛逆。

"首先，老人家索要你们的尊敬的时候，他们已经坐在了长辈的位置上了，也就是说，他们对你是以对他们家族的人的标准要求你了。"

"也许是的，但是，我也有尊严，我也要被尊重！"

"是的。也许，即使华漓的爸爸还活着，无论是你还是华漓的爸爸，和华漓的爷爷的关系这辈子可能都好不了多少。"我对着华漓和她妈妈说。

"应该是的。老人家认知一些事情完全是靠自己的臆想。"华漓妈妈答道，"现在仔细地回想，华漓爸爸的思维模式也有一些他爸爸的影子。"

"所以，他的去世，不管是自杀还是失足，都有可能是他的意识或者潜意识带着他走向河里？"

"有可能。"我这样回答的时候，华漓妈妈眼里的哀伤减少了很多，华漓看起来也好像释然了一些。

"这其实也可能是启动了一种逃避机制。似乎华漓的生病和爸爸的离去都用了逃避机制？"我转头看着华漓。

"应该是的。"华漓妈妈突然醒悟了似的，她面对着华漓，用很正式的口气流着泪说："我想我以后不会再对你严格要求了！你也大了，我尊重你对于自己的事情的选择，当然，不触碰我的底线就好，咱们相安无事，直到你踏入社会，我的任务就完成了，我们就各自去体验自己人生的精彩。"

"她现在不像拍拖的时候那样矫情到让我不适应了。"华漓避开妈妈的锋芒，对着我说："不过，现在她的这种状态让我感觉到比较自由。"

"妈妈的这种状态，也让你愿意承担自己的责任了，是吗？"我笑着说。

"是的，我慢慢适应这样的妈妈。"

"可是，妈妈在改变了，我还没有看到你别的变化啊！"我开起玩笑，"比如，你来了这么多次，我从来没有看到过你穿裙子啊！"妈妈也在小声地附和我说："她从来就不喜欢穿裙子。"

"为什么一定要穿裙子，我就喜欢这样的休闲舒适。"她指着自己的短衫短裤说。

"因为你是女孩子啊！每个女孩子对于这个世界来说，都是一朵独一无二的花。为什么不愿意做一朵美美的花朵呢？"

"我更喜欢做绿叶。"她说。

"那就做一片翠绿欲滴的叶子？"我笑着看着她说。

"嗯。先做叶子，以后是啥样还不知道呢。"我也开着玩笑说。

> 王德贤教授点评"心理治疗的一个任务，就是给来访者的内心里播撒种子。我把'女孩儿'的种子播撒下去，能不能生长，就看她的了。"

　　之后我问了华漓妈妈华漓认祖归宗的事情，她说："一切都好像命中注定的那样！当我们刚刚有带华漓认祖归宗这个念头的时候，就在两个月前，华漓的爷爷真的也托她姑姑专门来 B 城找我们了。爷爷奶奶年纪大了，说想念华漓，希望能见上一面。"

　　在这个案例报道结束之际，我觉得很有必要把这个认祖归宗的事情，在这里单独描述一下。

　　那天，华漓附和着妈妈讲了事情的整个过程。

　　在见华漓爷爷奶奶之前，华漓妈妈按照华漓家亲人的指引，和华漓一起找到了华漓爸爸的坟墓。之后，她们两个人又再去了一趟。"那天，我们带给华漓爸爸的香一般是燃烧一个小时的，结果，那天那炷香连续燃了两个小时还没有燃尽。我突然觉得那是华漓爸爸故意的，我情绪大爆发，当着华漓的面，七七八八地，把内心憋屈了好多年的怨愤一股脑儿地、连哭带说地对着坟墓里华漓的爸爸发泄了一番，之后我终于舒服了！舒服了！"华漓妈妈按抚着自己的胸口笑中含泪说。

　　"华漓，你那时候的感觉是怎么样的？妈妈这样你怎么看？"

　　"很正常啊！我妈妈憋屈太久了啊！这样宣泄下挺好的啊！"华漓很豁达地说（这时候，我的感觉是华漓已经站在一个更高的层面来看待她的妈妈了）。

　　华漓妈妈斜着眼睛，笑笑地看了一眼华漓，比起华漓，此刻的她更像个小姑娘。接着，她讲述了他们去华漓爸爸乡下老家的事情。

　　在华漓姑姑的安排下，她们到了华漓爸爸出生的乡村。华漓一一见过她的那些亲人：爷爷、奶奶、叔公、姑姑们以及村子里的老人家。她们也带了相应的礼物给老人家。看着老人家的居住环境不是很好，华漓妈妈说，家里有华漓爸爸的地，她希望能使用一块地盖个房子给华漓的爷爷奶奶住，同时也正式地给华漓爸爸的牌位找个地方安放。如果华漓愿意，她也同意华漓转学回到她的家乡读书。老人家一开始答应了，但是，当他们第二次见面的时候，却不知道他们内心是怎么想的，拒绝了华漓妈妈的要求。华漓妈妈就据理力争，就像前面我记录的那样：她向人们强调，她到现在还没有再嫁，也还是这个家的一员，华漓是她爸爸的孩子，这个家就应该接受她回来。最后，在华漓姑姑的努力下，老人家还是同意了华漓妈妈的要求。

"这次的争取，和在我爸爸家里的争是不一样的。"华漓妈妈坚定地说。

"为什么？"我问。

"这次是为了华漓，给她一个心理的归宿。那是爸爸的家乡，也是她的家乡。完成了这件事情，我觉得，我再无他求了。"

我发现华漓的脸上顿时出现了一丝不易觉察的倔强和骄傲。

华漓妈妈说，华漓现在要做什么就一定要做什么，她不能干涉就放弃干涉了。她已经把学习、锻炼的事情全权交给她自己管理。"我感觉很累了，看到华漓现在越来越能表达自己，越来越按照自己的意愿去做事，我能感受到她的力量越来越强大，同时，我感觉自己越来越弱了。真的，对比很明显啊！"

"容许吗？"我笑着看着她问。

"容许！"她坚定地回答，"我知道，最终她都会离开我，最终我都要独自去过自己的生活。我对自己有信心，我知道那可能也是未来的事情，但是，不远。"

华漓偷偷地撇了撇嘴。我转向她问她的想法，她说，妈妈目前的状况她还是比较满意的。至于她自己，她说她准备考试，想进高中读书……

也就在这本书完成的时候，有些事好像就是自然而然地发生了。华漓开始要求一个人和我见面了；华漓妈妈和自己的哥哥关系明显地好转了；华漓已经读大学的表哥在一个偶然的机会也见到了我，他说小时候自己不懂事，和表妹没有好好相处，现在，他很想照顾她。我说，华漓和他这个表哥的关系，可能会影响以后华漓和其他男孩子或者男人的关系的建立，华漓的表哥很吃惊也很重视，他说他会在往后的岁月里试着做一个好哥哥，因为表妹也是他唯一的"亲"妹妹。

在之后的一次治疗中，华漓把她自己既往的所有的问题，都打了一个包裹，命名为"青春期的叛逆"，她说她能接受这个"叛逆期"给她带来的所有后果。在华漓叙述的过程中，妈妈在一旁总是忍不住地笑，她说：华漓已经不是她生活的中心了，她不但做了一些面部的局部整容，还拾起了她以前跳舞和游泳的爱好，同时，一有机会，她就把华漓托付给"华漓的亲人"，自己外出旅游，享受独处的快乐。

这应该是华漓和妈妈的故事，故事的结局好像挺好，但是，这中间有很多很多的埋伏——当华漓和我正式单独相处的时候，那些埋伏着的东西开始被挖了出来，另一个版本的以华漓为主角的故事开始上映，那将是一个漫长的故事。

> "华漓和妈妈还要走一段很长的路，疗愈她们内在的深深的哀伤……"王德贤教授提醒我说。

第二个故事 有个姑娘叫竹香

并不是一个人有了严重的心理问题才需要见心理医生，以下的故事告诉你心理治疗能给孩子带来什么。在这个社会，就有那么一些人我们称之为"智者"。每个人都有属于他自己的智慧，但是，"智者"会走在时代的前面，以独特的眼光做出益于自己或者他人的决策，特别是对于他身边的亲人。

——以下面的这个故事，献给带孩子来找心理医生促进孩子心理成长的家长们。

1. 梦里竹香

写这篇文章的时候，我不知道自己为什么会突然想到给文章起这个名字，只知道眼前浮现的是那个可人的女孩儿，圆圆的脸，大大的眼睛忽闪忽闪，小圆鼻子，小嘴巴，长长的马尾辫，14岁的年纪一米六几的个头："够标准的！"这也是很爱她、疼她的爸爸的评价，但是，她却不这么认为，这两年来，她一直渴望着有机会去整容，但她的父母就是不同意。她说："以后我一旦有钱了，第一时间我就去整容。"在交谈中，当她这样说的时候，我温和但是很坚定地说："即使做了整容，你永远也不会感到满意。"在她迷惑的瞬间，我转移了话题。是的，我不会像她的父母那样，对一个问题较劲……那不是问题的问题，真正的问题，可能在那整容的背后……

我丝毫不否认自己对于这个可人儿的喜爱。她是被怀抱着1岁多妹妹的父母带来医院的咨询室的，她愿意来的理由是：她认为自己就是一个不爱学习或者学习不能作为她最重要事情的女孩，她是没有办法专心学习的，总想着去玩，因为"玩也是一种活着的状态"，但是父母不允许，希望心理医生能做做父母的工作，不要管她管得那么"死"，或者心理医生能帮助她成为一个爱学习的孩子？——我感受到她压根就没有后者这种欲望，起码是刚来见我的时候。父母有点焦虑地说："我们并没有想让她成为一个爱学习的孩子，只希望她能顺利完成她能完成的学业。现在我们只是要求她可以玩，但是要有节制；不要总是想着去整容，我们认为没有这个必要；我们也不能接受她文身，不能接受她动不动就爆发的火爆脾气，摔东西只是小事，有时候忍不住打妹妹，也用刀片在自己的胳膊腿上划……"在他们叙述的过程中，我已经发现在竹香的胳膊、腿上，有很多细细的或短或长、或陈旧或新鲜的伤痕。当她看到我关注到她脖子附近以及脚腕附近的一些新鲜的伤痕的时候，她说："以前我自残，自残的疤痕不好看，现在纹身，既能感受到痛的感觉，又能欣赏，别人和自己都会觉得好看。"我的心一沉，会不会又是一个小的时候被妈妈忽略了的孩子？当我询问她的成长经历的时候，我的感觉被证实了。

源于她真实名字的寓意，我们就称她为竹香吧！就像那竹子，梦中渴望着长高、浓香……

竹香出生在南方的农村，在她五六个月大的时候，竹香的妈妈以自己年龄太小，害怕带不好孩子为由把竹香寄托给自己的母亲带，一直到竹香12岁读中学的时候，竹香的父母才把她接回来，竹香的妈妈还说，她更想竹香读完高中再回来……我一阵心痛，这个妈妈在潜意识里还想要自己的孩子吗？读完高中？那不是接着要不工作，要不住校读书？完全不用这个妈妈负任何责任啊！当然，我说的是教育孩子、陪伴孩子的责任。

竹香说："我和外婆住在姑姑家，现在想起来，姑姑和表弟表妹对我还是挺好的。"

"当时是怎么认为的呢？"这个问题我只敢在心里问。任何人都可以想象得到一个孩子生活在别人家中，看着别的孩子备受妈妈疼爱而自己的爸爸妈妈却不在身边的感受。

我让竹香回忆小时候的事情，她说："每次小学放学的时候，看到别的孩子有爸爸妈妈来接，我也经常渴望我的爸爸妈妈会突然出现在我的面前。有一次，我竟然对着外婆说'外婆我叫你妈妈吧。'"

"外婆怎么回答？"我问。

"她说，'我是外婆，不能做你的妈妈'。"竹香低下了头……

竹香那一刻的失望，我真是感同身受，但同时我似乎也能感受得到一个外婆听到这句话的喜悦和自豪，外婆也应该确实是把这个孩子当作自己的孩子来抚养了！这中间包涵了隔代人抚养孩子的共同心理特征：长辈们当年因为种种原因，没有能好好地照顾自己的孩子，等自己的孩子有了孩子，她就加倍地关爱自己的孙子，潜意识里想弥补自己当年对自己孩子欠缺的关爱，而这种关爱，也永远只是对于孩子身体的关爱，那种爱，怎么深厚也不能代替母亲和孩子之间的爱，那是孩子和世界建立感知觉的基础。

每个孩子，在刚出生的岁月里，他的身心都是和母亲联系在一起的。这时的孩子，是通过母亲的抚摸、母亲的眼睛、母亲的语气来认识自己、了解自己的；母亲的怀抱更是孩子安全感最主要的基础，就像万丈高楼的地基一样。如果一个母亲没有及时地经常和孩子互动，用笑容告诉孩子——"你笑了，你的笑能让妈妈也笑，我们共同拥有的东西是开心"，用伤心告诉孩子——你难过了，你跌倒跌痛了，痛会让人害怕和难过。孩子一旦错过这个感受自己、感受世界的最佳时机，那这个孩子，注定了要终身去寻找自己。我们在临床上见过许多自残的孩子，在胳膊以及身体的其他部位用刀片划，看着自己的血往下流的时候，说这时才对自己有感知觉——多是这种情况引起的。

竹香就一直在寻找自己：她在姑姑家很乖，让大家都能喜欢自己；以前她读书一定要很好，这样老师就能喜欢她；从小她不喜欢女孩子而经常去找男孩子玩，玩的经常是女孩子不敢玩的刺激的游戏，这样才会让她兴奋，甚至她经常会有和别的孩子一起去偷东西的想法。她郑重告诉我："我想偷东西并不是为了那些东西，我就是要寻找刺激；我还捏死过爷爷养的鹦鹉，还捏死过一只猫……"竹香说这些的时候，好像用很大的力气，说完她深吸几口气，接着说："现在，我就是想出去玩，但是不想和女孩子去玩，和几个男孩子都无所谓，和有女朋友的或者有老婆的都可以，只要没有女孩子，我就很自在，只要有女孩子，我就不知道怎么说话、怎么做事……"

"为什么有女孩子在的时候你就不自在？"我问。

"在女孩子堆里我怕自己不优秀，会被别的女孩子的优秀盖过我自己。和男孩子相处的时候，就不存在这个问题：我是独一无二的。"她边想边说。

"好像这样你才有安全感，是吗？"看她点点头，我继续问："如果没有被别人关注到，你的内心会有什么样的想法？"

"我就觉得肯定是因为我长得不漂亮或者哪里长得不好看，我就回去照着镜子看看自己是否哪里需要整容。"

"你是通过别人来认识自己？"

"不是，是通过别人的认可来感受自己。"她对自己的行为认知很清晰。

"效果呢？"

"很不稳定。不是每个人都喜欢我，所以，我的情绪也就起起伏伏……"

"喜欢自己的情绪这样起起伏伏吗？"

"不喜欢。所以我想整容，让自己更完美。"

"当你更完美的时候，所有人都会喜欢你吗？"

她迟疑了一下，说："不会。我只能让更多的人喜欢我。"

"这样累不？"

"累，但是喜欢，有追求。"

"追求现在的满足，而不是未来的自由？"我想她会理解我的意思。

"对的！我就是这样的一个人！"她有点坚决同时有点调皮地说。

唯有一声叹息……

我将话题转向竹香的妈妈，让竹香简单描述下她的妈妈，竹香这样描述："妈妈以前是幼儿园老师，生了妹妹以后就辞职了。她脾气很大、很任性，像个孩子，有时候一些事情需要我教她……"

征得竹香的同意我邀请竹香的父母进来，因为爸爸怀中的妹妹不停地闹腾，爸爸只能抱着孩子走出治疗室。那个妹妹，大家逗她时，她就甜甜地笑；大家把注意力放在竹香这里时，她就哭闹。我想：这就是每一个生命都有被关注、被看见的内在需要吧。

竹香的妈妈描述了自己的家庭："我的妈妈是一个幸福感很低的人，她的婚姻也是她的父母包办的。她一直不爱我的父亲，我父亲当时是一个高干子弟，外婆觉得妈妈嫁到这样的家庭后就不会过穷困的日子了，所以一定要妈妈嫁给我爸爸。虽然妈妈内心里不愿意，但是她一向是个很乖的孩子，所以最终还是听从了外婆的话嫁给了我爸爸。妈妈怀我的时候，曾经想堕胎，也许是不喜欢爸爸，不想要爸爸的孩子。我小时候，也不知道为什么，一直胆小怕事，不敢和别人说话，不敢做自己想做的事情，做什么事都害怕，也经常被村子里的孩子们欺负。读书之后，更是自卑，常常被同学欺负，这样一直到初中毕业我考上了高中，但爸爸说女孩子读书也没有多大用处，就让我读了技校。在小学的时候，爸爸让我上绘画班，我没有绘画基础，绘画班的老师把我分到基础差的一班，有一次还因为我画的圆不好而在我的画上肆意乱画，讥讽我说圆就应该是有棱有角的。后来我在技校就读时竟被分配到描绘专业，我很痛苦，也学不好。当我勉强毕业的时候，恰巧那时不包分配，我找到一份幼儿园的工作，尽管别人没有直接表达，但是，我觉得自己不是那个专业毕业的，总觉得别人不欢迎自己，所以，也总是十分痛苦。后来，我遇到了我的丈夫，他对我很好，我们结婚后我才感觉有了安全的归宿。后来他来广州打工，有一段时间，我又感觉到没有人要我了，差点带着我的孩子跳河，我的丈夫于是让我来广州，我就把孩子留给我的妈妈，跟着丈夫来到广州打工……"

"你的孩子才五六个月大，你就舍得离开她？"我当着竹香的面质问她。（在心理治疗室里，因为孩子对父母的问题常常不敢表达，所以我常设身处地地代替孩子质问父母，以此来疏通孩子内心的郁结，同时让孩子理解父母。）

"我也害怕我做不好母亲，而我的母亲那时才 40 多岁，我觉得她可以带好她，所以……"

"所以，你拱手把自己母亲的位置让给自己的母亲了？"我问，有点儿生气和无可奈何。

竹香的妈妈愕然……

在以往的治疗过程中，我发现一些来访者在妈妈的肚子里还没有出生的时候，妈妈曾经有过堕胎的想法的，这些来访者很多都有一个共同点，就是：从他们有记忆的时候开始，他们就觉得自己没有安全感。我不知道现代心理学是否对此有研究，但是，所有的心理学家都认为：一个婴幼儿或者更大的孩子，他们是通过感知觉了解自己周围的环境的。竹香妈妈虽然最终没有被她的妈妈放弃，但我们看到，她的妈妈并没有关注到这个孩子的自卑胆怯，并没有给孩子以坚强的心理支持。同时我们也看到，竹香妈妈的一部分生命一直活在她幼儿时期的心理状态中：自卑、敏感、小心翼翼。即使在她工作的幼儿园，别人没有表现出不接纳她，她也没有自信地认为自己可以融入到一个集体中去。当我做了这个分析之后，竹香妈妈忽然说："我现在明白了，我一直都没有存在感！"旁边的竹香马上喊："是的，我也一直在寻求存在感！"妈妈和竹香面面相觑……

竹香妈妈继续陈述："我的妈妈兄弟姐妹 7 个，2 个男孩 5 个女孩，她是最小的。我的外婆也曾经因为养不起孩子，在我妈妈四五岁的时候，想把她送给别人，结果，被一个大点的姐姐救了回来。她的其他兄妹，一个哥哥和一个姐姐被送人抚养了。我自己兄妹两个，有一个哥哥，妈妈一直喜欢哥哥，而父亲比较喜欢我（喜欢她却不给孩子读更好的学校？我怀疑这个感知觉的真实性）。在我 6 岁时我的爷爷去世了，从此之后我就一直和奶奶睡觉，一直到出嫁。我的奶奶是从外地逃难到我们那里的，也是为了活下去被迫嫁给我的爷爷……"

这样，竹香家族女性的特征基本清楚了：对于人类来说，大自然是人类的母亲，如果已经到了逃难的地步，竹香妈妈的奶奶是没有被大自然母亲眷顾的，所以才会逃难；当她在异地安家，生了那么多的孩子的时候，她又被大自然母亲所不能眷顾而养不起孩子，不但女孩，就连男孩子也要送给别人养活，对于一个母亲，这是多么大的痛苦啊！

"我的奶奶天天唱歌，很快乐的！"竹香的妈妈强调道。

"这样遭遇的一个女人，她不让自己唱歌，她不让自己天天快乐，她能生活下去吗？"我问。

"不能！"竹香母女异口同声地说。

"所以，你的奶奶，内心最大的体验是——'这个世界（自然）不要我活！但是，我要活下去。'"

"到了竹香的外婆这里，当她出生的时候，对于有着传统的传宗接代观念的农村来说，这是第五个女孩，而且大家都吃不饱饭，就连一个男孩子都送人养活了，这个女孩子，到底在她的父母心中有多少的分量呢？况且她最终也经历了差点被送人的情况。那么，一个从小就不被接纳的女孩子，她的心中到底有多少'自己是宝贝，要好好爱自己'的成分呢？"我问这母女俩。

"如果自己都不珍爱自己，那么，当她成年后选择自己的丈夫的时候，她又能有多少力量拒绝父母的安排呢？"我继续追问。

"我的妈妈从小就很乖，所以，她说她才没有反对父母对于自己婚姻的包办。"竹香的妈妈说。

"是的，如果她不乖会怎么样呢？"

"一定会被送给别人家了。"竹香回答。

"所以，这个女人，一出生，也就注定了她一生没有自己，要寻找自己的命运，寻找不到，所以，她感觉不到幸福。"

沉默……

咨询时间即将结束，我对竹香说："你看看，这是一个家族的女人的命运—— 一生都在寻找自己！并且，这种苦难好像一直在这浓浓的血缘关系中传递。要不要在你这里截断，可能要看你自己了。"

"我喜欢男孩，将来生个男孩就好了。"竹香急急地答道。

"有可能会好。可是，如果是个女孩呢？"我看着她，她又沉默。

我继续说："现在，妈妈不可能让你重新回到小宝宝那时而重新再爱你一次了；你的外婆也不可能回到她的童年；外婆的妈妈也不可能穿越时间的隧道来到今天，过着安居乐业的日子。苦难已经成为历史，我们是否要考虑下，在今天的日子里，怎么样才能让我们自己有能力感受到自己生命的可爱和美丽呢？"我静静地看着她们，之后对着竹香说："竹香，你能想到什么办法，让一个人感受到自己生命的珍贵和可爱呢？我把这个作业留给你。"

我相信竹香会做好这个作业的，当然，需要一个过程……

2. "烂好人"

因为有一些事情发生，我和竹香的再次见面，间隔了比较长的时间。这次来见面时竹香，明显地感觉到比之前来的时候更轻松自在。她穿着白色长衬衣，黑色短裙，齐膝的白色袜子，黑色的皮鞋，长长的马尾辫扎在脑后，给人以神清气爽的感觉。端着我帮她泡的菊花茶，她和我一起进入治疗室。她一进治疗室，就对沙具来了兴趣，说想玩玩沙盘游戏。于是，我给她讲了沙盘游戏的规则。之后，用了大概 20 分钟的时间，她完成了游戏，最后呈现的是图 2-5 的沙画。

图 2-5 竹香的沙画

沙盘中下方是一片绿草坪，草坪上有一条绿蛇，右侧边上则是一条黑白相间的毒蛇，左边有一束花、一只狗，右边有一只青蛙、一只螃蟹。

"做完这个沙图你的心情是怎么样的呢？"我问她。

"感觉舒服点了。"她露出了笑容。

"这种舒服来自哪里？"我也微笑着问她。

"来自于这片青草地，还有一些小动物。我也给它们送了花。"她指着左下角的花，说是她送的。

　　"那我们就暂时把这片郁郁葱葱的青草地给我们的感觉先珍藏在内心，好不好？"

　　她点点头，看着沙画，好似在吸收着那种舒服的感受。

　　"其他的哪个小动物你最有感觉呢？"我问她。

　　"小狗。"她看着它说。

　　"你觉得这只小狗在这里是一种什么状态呢？"（沙盘里的小动物有时候也代表着来访者内在的一部分，或者说"主人格""子人格"等。）

　　"它很活泼，一边玩一边也在看守着这片草地。"谈及小狗她很开心。

　　"有了小狗的保护，草地也会很安心的，是吧？"我开着玩笑，以隐喻的方式工作。

　　"那是。"她也笑了。

　　"这世界有柔和的青蛙，当然也应该有带爪子的螃蟹、有毒的厉害点的蛇。"我看着沙画说。

　　"那是。"——在包容的道路上我们向前走了一步。

　　之后我们就自然而然地谈及她最近的情况。最近她最为恼火的事情是：她的同学总是向她借钱，男生女生都有。有的是确实没有钱用了，以后会还回来的；有的却是自己知道不会还钱的主。我问为什么她明知道别人不会还钱还要借出去？她说，别人来借钱的时候自己钱包有钱，就没有办法拒绝别人的请求。她说她自己花钱都很省，知道那是父母辛苦赚来的钱，所以总是算计着花，可同学不时地借钱，她的心里很是不舍得，所以很纠结，她也曾经问过妈妈该怎么办，妈妈说："一点钱就算了"。她说："我自己有时候特意让自己大方、大度，这样就可以交到更多的朋友，内心里渴望大家说我是一个好人，是的，我愿意

做个'好人'，但是有时候还是忍不住生气、小气。"在她做沙盘游戏的时候，她还拿出一个本子，这个本子是她一来就抱在怀里的：墨绿色的硬皮封面，一本大书大小，比较厚。她说那是她平时记录的一些好的文章，还有一些自己的想法。在她做沙盘游戏的时候，她交给我看了。我看到她在本子里抄写了一些感动人的文章，她把整篇文章都抄写下来了；还抄写了很多名言

语录；偶尔也有她对自己的一些鞭策的话；还有一些整篇的英文文章——看得出自从上次治疗之后，她做了很多的工作。也许，这其中也有点想给治疗师证明她"好"的味道……

我想利用角色转换技术，让她自己处理自己的问题，于是，我让她隔着沙盘坐在她刚才坐的位置对面，闭上眼睛，想象能看到自己还坐在刚才的位置上，此刻的另一个自己看着"对面的竹香"，想象着"对面的竹香"在学校不时地被同学借钱的情景，看着那个她左右为难，心神不安，再让她看看那些向她借钱的同学，他们是处于一种什么样的状态。这个过程中，我也故意夸大他们之间的这种互动。之后我问她看到这些她的感受是什么？

她说："不好！我这样对同学也不好！""我的退让让自己做了好人，可也让我的同学做了'坏人'了。"

"什么意思呢？"我问。

她还是闭着眼睛说："我忽然明白了，我的一再退让，是让自己做了'好人'，但也养成了他们欺软怕硬的坏习惯！"

"你的同学其实也挺不错的！他们在内心里成就了你做好人的愿望，却损坏了自己的尊严，是吗？"我大胆地问。

"是的，这成了我们之间的相互利用了。"竹香沉思着说。

当竹香再次回到自己原来的座位上时，我半开玩笑地问："我想给这个互动中的竹香起个名字叫'烂好人'，可以吗？"竹香不好意思地笑了。

"不过，我充分相信你有足够的能力去解决自己的问题，你看，你的内心有很多的能量，很丰富。"我指着沙画中的绿色草坪说（隐喻疗法）。

"嗯。"她看着沙画边整理自己的思维边说，"我也觉得我的内心很丰富，可以滋养一些小动物的，给他们保护和依靠，只要我愿意给。当然，我也能像小狗一样可以保护好自己的。"

"当然。"我给了她肯定。

说到底，人生就是一个幸福和伤痛的混合体。在这个叫人生的混合体里，我们每个人都不断地索取着什么，幸福、痛苦、平淡，又或者什么都难以深刻体会到，只能如行尸走肉般走完短暂的人生旅程。爱是什么？恨是什么？情是什么？财富是什么？……细细思索就会发现，当你离开人世时，其实什么都不是什么。

那么，人活着的意义到底是什么呢？

我们又该怎么去面对我们每天都有可能接收到的痛苦、悲伤和快乐呢？

3. 考试前焦虑

快考试了！这是竹香这次带来的信息。在这次治疗之前，我们已经见过五六次了。今天的她很紧张，因为是初二年级的期末考试，可能直接关系她初三努力的信心和动力。自己的成绩在班级、学校的什么水平？有没有考上高中的希望？大概能考上普通高中还是重点高中？……每个问题都牵动着竹香的心。

"尽管同学们公认我很努力，但是我每次测验的成绩都不是很高。我的同桌也是一个女生，她好像总是很逍遥，而她的成绩却比我好。一看到她在学习我就很紧张，而她不学习的时候，又总是和我说一些学习以外的事情，让我感到很苦恼。"竹香难过地低下了头，"我的基础非常非常的差，我没有一门课程学得比别人好。"（这和竹香刚刚来的时候无论怎样都只想要玩的状态完全不一样了，而中间的治疗过程中，我们很少谈及学习。）

"这孩子！"我心里感叹一声，看着她的样子，我也挺难过的。

征得她的同意，我让她先玩玩沙盘游戏。这次沙盘游戏，我指定她找出一些能代表她所学科目的沙具，这沙具可以是人，也可以是物，她把它们拿下来摆放在沙盘中。

经过筛选，她在沙盘的中间，从左往右依次摆放了：仓鼠、恐龙、植物大战僵尸游戏中的坚果墙、小狗、梅花鹿。如图 2-6。

图 2-6　竹香的学科代表沙具

　　我让她分享下它们各自所代表的科目，她从最后摆放的梅花鹿开始介绍。

　　"梅花鹿代表语文。"她说。看着可爱的梅花鹿，她的嘴角微微翘了起来，眼睛里流露出喜爱和笑意。

　　"梅花鹿有什么特点呢？"我问。

　　"梅花鹿生长的环境不是一般的环境，比较优美和安全。"她说。

　　"有童话般的美好，是吗？"我问。

　　"是的。"

　　"那么，语文给你的感觉是美好的，那里面充满了童话般的诗意和真情实感的享受，是吗？"我试探性地问，那一刻，我也很快沉浸在语文那些诗情画意的美好意向之中。"所有的外文，都没有我们中文那样能丰富地表达人类的感情，只有中国的语言文字变幻莫测、诗情画意，所以，我们很幸运能有机会学习语文，它常常能滋润我们的情感，字里行间能带给我们很多美的享受，是吗？"看她赞同地用力点点头，我说："所以啊，当我们怀着一颗欣赏它的心去学习语文的时候，我们是否很轻松快乐呢？"

　　"是的。"她又开心地点点头。

　　我们一起把目光移到第二位的白色小狗。小狗的头顶和尾巴有少许淡黄色的毛，使得小狗既漂亮又可爱。

　　"小狗代表数学。"她说。

　　"小狗有什么特征呢？"我问。

　　"小狗好玩，活跃，和它在一起，永远不会无聊。"竹香说。

　　"那么，你玩数学的时候，是否也有永远不会无聊的感觉呢？"我问，语气中特别加重一个"玩"字。

　　"是的，"竹香说，"学习数学时思维是十分活跃的，就像和小狗玩一样。有时候我很累，想学数学的时候就是学不进去。"

　　"那我们怎样能把和小狗玩的状态带到数学学习中呢？"我问她。

　　"我只能这样了，当我精力不够玩的时候，我就休息，也可以和我的同学开开玩笑之类的；精力充沛的时候我就去玩数学，注意力集中效率就高。"

　　"这样比疲劳战好多了，是吗？"我总结到。

　　"嗯。"竹香边点头边答道。

　　看来数学"过关"了，我们把目光再往左移，看到的是坚果墙，竹香看到它脸上就露出轻松的表情，并对着它做了一个调皮的鬼脸，"坚果墙代表英语。"她说。

　　"我没有玩过植物大战僵尸的游戏，在这个游戏里，坚果墙是个什么样的角色呢？"我问，乖乖地承认自己对那个游戏不了解。

"坚果墙因为硬，所以很难被敌人吃掉，所以，它可以为其他植物起阻挡作用。"竹香说。

"那英语能为你阻挡什么呢？"我问。

竹香想了想说："我的英语学习成绩相对较好，它能为我阻挡'自卑'。"

"嗯！所以，你并不是所有课程的成绩都不好是吧。可是，你刚来的时候说自己的基础非常非常的差。如果我们只看到自己不好的地方并且夸大，肯定是自己打击自己的自信了，是吗？"

"是的。"竹香瞬间挺直了腰杆，一副很自信的样子。

接下来是恐龙，它代表物理。这只恐龙并不显得可怕：四肢和肚子是土黄色的，身体从头到翘翘的尾巴是蓝色的，伸着长长的脖子，低着头好像在看着地。竹香介绍：这只恐龙比较温顺，它形态好看，身体色彩搭配好像是抽象画的感觉。

我和竹香分析：物理的公式如果运用自如，就像玩艺术那样得心应手、海阔天空，竹香又明显地快乐和轻松了很多。

最后，我们看到的是仓鼠。竹香用它代表生物和化学。她说：仓鼠十分可爱，但是和小狗相比，它比较自我，只会自己玩。小仓鼠还对周围的环境特别机敏，也许就因为这样才不合群。

我再次让竹香闭上眼睛，想象小仓鼠独自在玩的情景，并感受小仓鼠的孤单和机敏，之后我问竹香，如何才能和小仓鼠建立很好的关系呢？竹香说："走过去，和它一起玩。""需要你主动吗？""是的。"我再让竹香想象自己走过去，看看仓鼠的表现，她说："仓鼠开始很害怕，但是，看到她很友善就接受她了，可以和她一起玩了。"我让竹香看看仓鼠和她玩时的眼神，她说："好像很高兴的样子。""是的，只要你愿意和它一起玩，它就会接纳你，愿意和你一起开心地玩的。"我强调。

竹香睁开眼睛后我们一起分析：生物和化学，各自的精彩都在它们的内在，只要你愿意主动地、安心地走进它们内在的知识里面，你才会和它们玩得不亦乐乎。所以，学习生物、化学，需要主动并且……

最后，我和竹香一起重新看看这些摆在面前的几个小动物，竹香说感觉很亲切。我说："眼前的这些小可爱，是为了我们更好地走向远方而准备的基石，没有它们的奉献，我们就很难走向成功；就像大路，是为了我们能走得更远而存在一样。"

最后，我和竹香一起用心地感恩它们……

送走了轻松快乐的竹香之后，我看着沙盘里的沙具，发呆……

我知道，这个沙画里面，包含了太多的东西……

以往，这样的沙画，我和来访者探讨的多是他们的子人格，就像今天的沙具，一个个里面也包含了竹香不同的人格组成部分，特别是那只竹香每次来好像都特别关注的小仓鼠。这只软软的小仓鼠，到底都代表了来访者的什么呢？

人，很复杂，就像这个世界很复杂一样，我们对它的认知真的很有限。同样，我们对于自己的认知也是很有限的，这会不会就是人经常感到害怕、没有安全感的原因之一呢？

后续：最近一次竹香来的时候，她成了自我约束力很强的学霸——当然，她的心理成长还在继续中。

走进心理治疗室的高中学生

山涧花一朵　根系深无影
忍寂寥肆虐　探山外妖娆
风雨中挣扎　散馨香风华
越涧谷流云　瞰尘世喧嚣
　苦也逍遥　哭亦含笑

雄鹰在空中翱翔
双眼穿透雾霭和丛林
　寻觅　能以果腹的机会
　度量　机遇与安危
花慕鹰　鹰怜花
世间情谊　你侬我侬　你悲我痛

第一个故事　诊断为双相情感障碍的高三女孩

1.　渊源

　　高三女孩小薇，活泼外向，见到我一点也不陌生，我怎么也难以把她和一个"双相情感障碍"的孩子联系在一起。小薇是被妈妈带着慕名从 C 省来广州到我们医院找一位精神科专家看病的。后来被朋友推荐来见见我，看看心理治疗是否也能帮上她，于是，就有了我们的见面。
　　两年前小薇是和爸爸大吵了一架之后，就开始出现情绪问题。她先是情绪低落了一段时间，紧接着对学习没了兴趣，记忆力差，学习成绩下降，不得已休学了。在休学的日子里，她主要就是睡觉，"睡不醒的那种"，她强调说。当时正值高考复习阶段，她却置之度外，直到高考前一周她才清醒过来，明白自己即将面临人生的一件大事，于是匆忙复习并参加了高考，结果自然是落榜了。那年，因为她还是想进入大学学习，所以她开始了复读。去年年底，她再一次和父亲发生了争吵，同样的情绪低落情况再次发作，伴有无缘无故的担心、恐惧、心慌，胃痛欲呕，想死的念头不断冒出，她再一次休学，并正式到精神科就医，之后被诊断为：双相情感障碍，目前为抑郁发作。为何诊断为"双相情感障碍"呢？她说是医生根据她抑郁之前和父亲吵架时候的暴躁、不顾一切而诊断的——她对于自己的情况很了解，叙述事情条理很清晰，接受自己有抑郁症，但是不接受自己"有病"。

"在生病以前你的学习怎么样？"从她的落落大方和谈吐来看，我猜测这个女孩的情商、智商都不一般。

"初中之前成绩很好，高一还可以，高二之后成绩就下降了。"

"我发现好像每一次你的发病都是和父亲的冲突有关，是吗？"

"是啊！是啊！"她很着急，好像找到了知音，"我每一次发病都是和我父亲大吵一架之后就抑郁发作了！"

"吵不过你爸爸你才抑郁，是吗？"看她不吭声，我接着试探性地问，"也许，你的休学，是对你爸爸最大的打击。"

没有任何征兆地、她的眼泪唰唰地流了下来，她哭着说："可是，最近我感觉我爸爸老了，心里特别难受。"

"是的，终有一天，你会发现他已经不是你心目中那个一直很强、很厉害的爸爸了。"

"但是，我还是不喜欢他。"她的眼泪还是不停地流。

"她的爸爸脾气很暴躁。"眼泪也在小薇妈妈的眼眶中打转，"不过现在好多了。"

"我爸爸以前也经常和我妈妈吵架，还打过我妈妈。"她说话很直爽，妈妈却在一旁替爸爸说话："那是以前，她的爸爸有段时间事业不顺，脾气很不好，现在他好多了。"

"我也发现这几年爸爸好多了，特别是我生病之后，我一下子发现爸爸老了很多，而且没有了以前的意气风发，感觉'蔫'了很多。"她眼泪汪汪地说。

"对于一个男人来说，没有什么打击能大过突然面对要接受他的'小棉袄'要戴着'精神病'的帽子了吧？不是有个说法嘛'女儿是爸爸的前世情人'。"我半开玩笑半认真地说，之后，我认真地看着她："也许，你的病，真的就是你和你爸爸之间的折腾，是吗？"

"是的。如果没有和爸爸之间的矛盾，我就不会这样控制不了自己了。"

"吵不过爸爸，但是，你可以、也许只能以自己生病的方式打败爸爸？"

小薇和妈妈的眼泪瞬间崩堤……

隔了那么几十秒钟，我打断她们问："爸爸是做什么的呢？"

谁知妈妈竟然扑哧一声笑了，和女儿相视后两人竟然轻松地诉说起来，她爸爸曾经做过煤炭、超市器材、陶瓷、木材等多种销售工作，目前和妈妈一起做建材生意。

"爸爸是个什么样的人呢？"

小薇回答："爸爸很开朗，有时有点阴沉，善于和人打交道，仗义、很自信，兴趣广泛，追求完美。"

"妈妈是个什么样的人呢？"

小薇看了一眼妈妈，试探而有点谨慎地、同时也没有太大压力地说："我的妈妈是个会计，以前有点内向，也很温柔，现在可以说是个女强人，和别人打交道可厉害了。"接着，她调皮地笑着告诉我："妈妈做饭也很好吃，和我的关系特别好。"

"好到什么程度呢？"

"妈妈知道我所有的秘密，包括我喜欢哪个男孩子，和谁谁打架了。"

"妈妈知道自己所有的秘密的感觉是什么？"

"很好啊！"但我感觉到她这样回答时底气并不是很足。

我问妈妈和爸爸的关系，妈妈说："以前经常吵架，现在关系好多了，我们两个现在一起做事，我的观点、看法、做事的方式，他基本都认可了。"小薇妈妈虽有点骄傲，但是，我却有点儿担心。接下来，我了解了一下小薇妈妈的家族情况，图 3-1 是小薇妈妈的家庭图谱。

小薇的外公外婆，都是心地善良的中学老师。小薇妈妈说，她的爸爸在刚出生一个月左右时父亲就去世了，爸爸的母亲在万般无奈的情况下，把爸爸（小薇的外公）送给了一对没有儿子的夫妇。小薇的外公还没有长大，那个养父又因病去世了，他的第二个母亲带着他嫁给了他的第三个父亲，接着又生了几个孩子。小薇的妈妈说："我爸爸说他的这个继父很严肃，家里吃饭、做事都必须守规矩，没有到吃饭的时候，孩子们再饿也不能吃东西。我的爸爸经常为了上学不迟到要饿着肚子，他的养母有时候会偷偷地塞个馒头给他吃。爸爸的继父平时基本上是不和孩子们交流的，自从我爸爸工作之

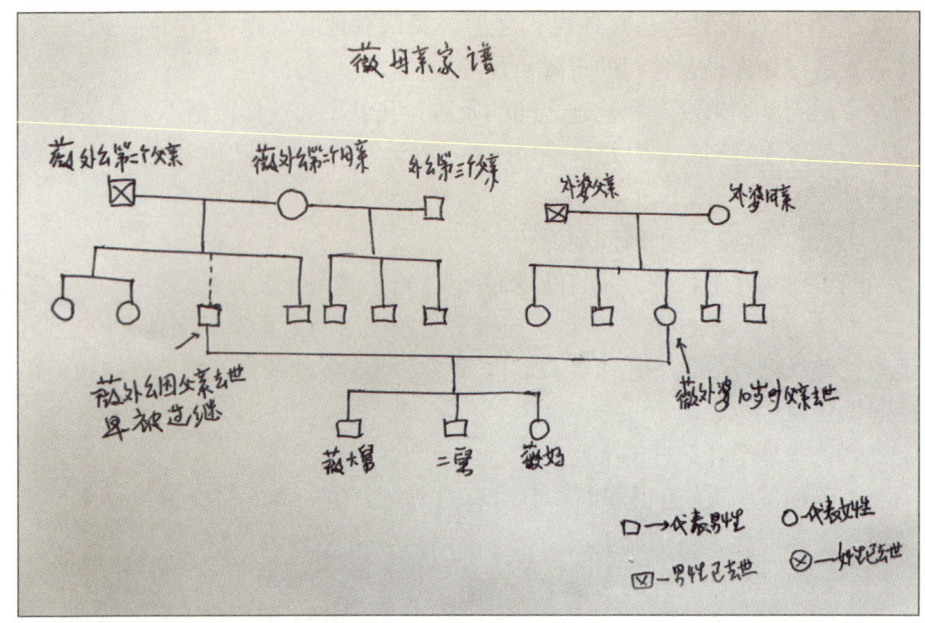

图 3-1 小薇妈妈的家谱图

后，他的继父唯一和他说的话就是——'家里没钱了，该交生活费了'。"

"为了活着，你的爸爸要学会察言观色。"我设身处地地推测。

"是的。他从来不得罪人，即使自己委屈，也努力地不得罪别人。其实我也会这样，也许这是爸爸对我的影响吧。"

"你很爱你的爸爸？"

"可以说是我爸爸很爱我。我有两个哥哥，在他们小的时候爸爸从来没有抱过他们。我妈妈说爸爸最爱我了，经常抱我，把我架在他的肩膀上到处走。"

"妈妈嫉妒吗？"我笑着问。

她边想边说："现在回想起来是有的。当我大点的时候，家里的事情很多时候都是爸爸和我商量，妈妈的意见只做参考。妈妈怨恨爸爸喝酒，爸爸喝醉了妈妈却不管，只有我会主动照顾爸爸。我出嫁的时候，妈妈很高兴，我爸爸却哭了。"她笑着，眼里却有一点泪花。

"你越位了！"我笑着看着她。

"是的，现在看来是的。"

"妈妈是个什么样的女人？"我问她。

"刀子嘴豆腐心。她在 10 岁的时候父亲就去世了。我的外婆重男轻女，外公还在的时候我妈妈读书没有问题，外公去世后，尽管妈妈读书成绩很好，外婆还是不想供她读书，后来在她的一再坚持下，外婆才供她勉强读到中专。读中专也是要她早点出来赚钱供两个兄弟读书的。"

"她的性格怎么样？"我问。

"很刚烈，对待孩子也很严格，特别是对待我的两个哥哥。"小薇妈妈边回忆边说。

"两个哥哥都考上大学了吗？"

"是的！"

"妈妈要通过自己的孩子，完成她内在的没有读大学的愿望？"

"现在回想起来是这样的，她经常拿她的例子来给我们做教育。"

"她有什么疾病吗？比如说肿瘤，或者乳腺增生之类的疾病？"我突然提起这个问题。因为最近我观察到在一些肿瘤患者的成长过程中，往往有压抑的情绪以及长期没有被处理的创伤。

"甲状腺瘤。"小薇妈妈好奇地看着我。

我说："不是我会'算命'，是中医几千年前就发现了这样的规律——气是构成世界的本质，是维持人体生命活动的最基本的物质。在中医理论中肺为气之主，脾胃为气血化生之源，肾为生气之源，肝的作用则为疏泄气机，保证全身气机疏泄通达，通而不滞，散而不郁。当一个人长期因为一些'情结'未能达成心愿而耿耿于怀的时候，他的身体内的气机就会运行不畅，继而如淤泥淤结通道一样，成为今天我们称之为'肿瘤'的东西。"

小薇妈妈若有所悟："我明白了。妈妈因为她内心里有很多的愤怒，所以，她虽然不做什么出格的事情，但是，她以'刀子嘴'的方式在发泄她内心被瘀滞了的'气'。"小薇妈妈苦笑着说。

"妈妈瘀滞的原因除了她读书时候的不公平待遇，还有你们日常的什么问题呢？"我继续问她。

小薇妈妈想了想说："应该还有她在这个家庭被忽略的问题吧！我和爸爸的关系很亲密，在家庭日常生活中，我们忽略了她是难以表达的。即使是她的儿子们后来也考上了大学，那也不是她考上了大学！——妈妈一直在努力地活着，活得挺辛苦的……"

直到疗程结束，我和这一对母女的配合都很舒适，和她们一起治疗的过程，有凝重、有轻松、有开心大笑，整个过程让我深深地体会着作为一名心理工作者的价值，并为此感到欣慰。

2. 爸爸和他的那个家族

由于小薇是从北方过来的，在广州只待几天，我们就紧锣密鼓地连续三天见面。这次，按照小薇的意思，还是她和妈妈一起来到治疗室。第一次小薇是坐在我旁边的，这一次，她坐在我的对面，让她妈妈坐在我的旁边。

"我昨天回去后反省了一下自己，对自己有了更多的了解。"一坐下来，小薇就迫不及待地拉开了话题，"我知道我和我爸爸之间的问题出在哪里了。我和爸爸很对立，我们一直是对着干的。我小时候如果做错了事情，我爸顺手就给我一巴掌，为此我妈妈常常护着我，奶奶也护着我，我虽然打不过他，但是我恨他，他每打我一次，我就恨他一次，当然，过后我就会忘记了，因为我们和好的时候，我会在爸爸面前撒娇要赖的。再大点，我在学校被同学打哭，我爸就不准我哭，让我把人家打趴下才能回家，所以，在学校，如果有人欺负我，我一定会想办法把他打到服了，然后再和他做朋友。再之后，我开始明显对抗我爸爸了，我记得是在我发现我妈妈很委屈之后，那时我爸爸在外地，回来还和我妈妈吵架，我为妈妈打抱不平，结果被我爸爸打，我就喊'总有一天，我会打过你！'"

"现在打过了？"

"没有。"

"你已经打过了！"我看着她强调说。

她愣了一下，又流眼泪："是的，自从那天我发现爸爸老了之后。"

"还有其他发现吗？"

"嗯，是我发现了我和我妈妈当年一样，我和爸爸站在了同一个台阶上了。我看起来是和我爸爸对着干，实质上，我却是和他连接得更加紧密了。我认为我妈妈很委屈，所以，我撇开了妈妈找爸爸的麻烦，实质上，我更多地引起了我爸爸的关注。我代替我妈妈管爸爸，为他们操了很多心，到头来，我发现我并没有管好爸爸，我爸爸和妈妈关系还是很好的，他们没事，而我出事了，把自己搭进精神病医院了。"说到最后她竟然含着眼泪忍不住笑了。

"是有点得不偿失！"我表示肯定。

"但这么多年来，在和我爸爸相处的过程中，我也学会了一个本领，就是'察言观色'。我会随时看我爸爸的脸色，一旦觉得不对就立刻想办法对付爸爸，撒娇啊、逃避啊或者求救。"她笑中带泪地述说，我承认自己被深深感染着。

"我觉得她的这个本事也是从我这里学的吧。"小薇的妈妈接着话说，

"我的爸爸当年在他的第二个后爸来到家里之后，他从来就不被允许坐在桌子上和别的孩子一起吃饭。他很怕他的后爸，所以，做事情小心翼翼，以后就形成了这个习惯。虽然不被后爸喜欢，但他还是尽力地帮着那些哥哥姐姐们努力地维持着一个大家族的关系。后来，我父亲的亲妈在老了的时候回来找过他，但是，姐姐们告诉他，养母可能会不高兴，他也就放弃了和自己的亲妈相认。"小薇妈妈又伤心地落泪，"在单位工作，我爸也是这样。别人都说他是好人，现在看来，我觉得他应该是很胆小、很自卑，他不敢惹别人生气。我从小也一直被爸爸这样教导着，所以，我也是尽量地学会察言观色，不轻易地招惹别人。"（当我回想到这里的时候，我也忽然醒悟了，之所以整个治疗过程中我们的配合让我感到很完美，确实也和小薇妈妈那种内在的、我没有觉察的本领有关。而这本领，在最后我和小薇的分析中提到了。当我回忆到这里的时候，我的眼前呈现的是小薇妈妈那种深邃的、能看透人内心的目光……）

我对着小薇妈妈说："如果爸爸要照顾那么多的人、那么多的人际关系，那他一定活得很累！"我同情地说。

"是的，他真的很累，很操心。"小薇妈妈说。

"那么，是否他没有那么多的时间或精力经营自己和妻子之间的感情呢？"我猜测着问。

"是的，可能因此妈妈得不到爸爸情感的滋养才会有'刀子嘴'吧。"小薇妈妈分析到。

"妈妈，你是不是得不到爸爸的关爱也会心理不平衡呢？我感觉你对爸爸存在冷暴力。"小薇对着妈妈说。

小薇妈妈愣了一下，之后悠悠地说："我承认我有。因为我以前爱他，他对我也好。我们结婚一年之后，他因为工作压力的原因变得特别暴躁。我不能接受他的暴躁，于是就经常不理他，也许这样让他更暴躁了。"

"整个家族都是。我爸爸的家族在当地是出了名的，别人都知道这一家人不好惹，见了都要躲着走。"小薇笑着说。

我好奇了，小薇和妈妈给我提供了爸爸的家谱图（见图3-2）。

小薇爸爸的奶奶是一个地主的女儿，很刚烈，因为当年别具一格——坚决不"缠脚"，而成为一个嫁不出去的"大脚板"姑娘，他的父亲万般无奈之下，把她嫁给了一个不知从哪里走来的乞丐，也就是小薇的太爷爷。谁也不知道那个地主的女儿嫁给这样一个男人会是一种什么样的心情，结局是在一连生了四个儿子之后，这个女人因为不明原因的腹痛，在小薇的爷爷12岁、爷爷的弟弟10岁那年就撒手人寰了。小薇的太爷爷从不管自己的孩子，

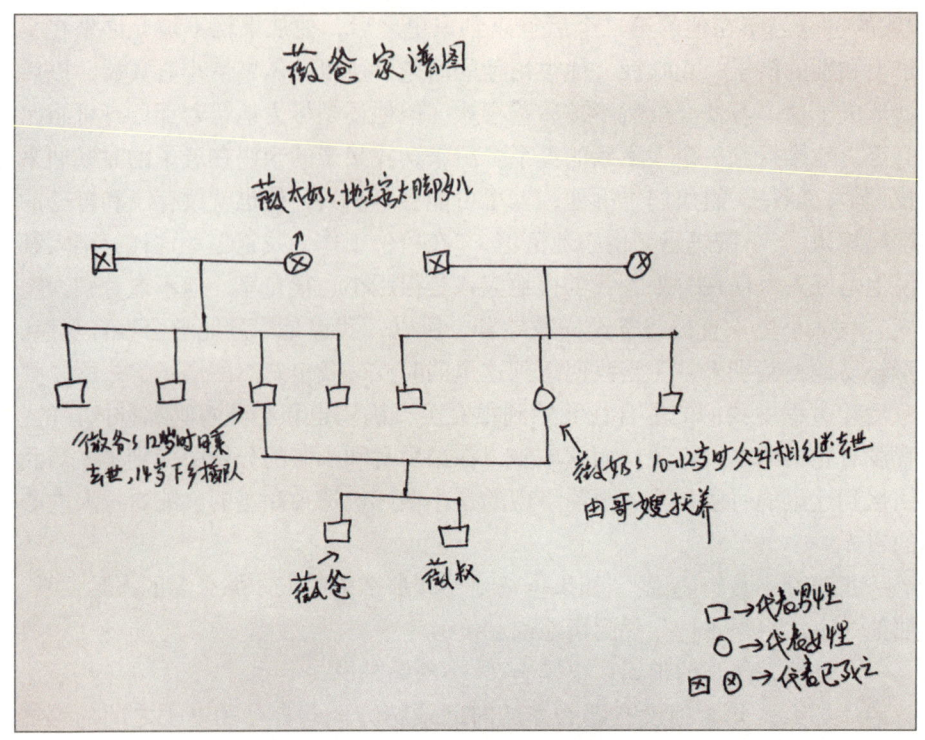

图 3-2 小薇爸爸的家谱图

他沉闷少语，却有着大男子主义的个性，谁说他不好就十分地暴躁和生气。小薇的爷爷和爷爷的两个哥哥、一个弟弟，基本上是野生野长的那种孩子，他们小学都没有毕业，个个脾气暴躁，每个人都有个信仰，那就是"拳头下面出真理"。在 20 世纪 60 年代的那场运动中，小薇爷爷的两个哥哥，更是因为暴力而远近闻名，发生的一些打斗的故事大家可以去想象……从那以后，这个家庭在别人的眼里就更是特别的了。相比他那些兄弟，小薇爷爷的命运还算好的了，他 14 岁的时候就响应"上山下乡"的号召，插队到农村，后来认识了性情比较温和的小薇的奶奶。奶奶比爷爷小两岁，因为父母都已经早亡，是由哥哥嫂嫂带着的，当有了下乡机会的时候，她就被哥嫂送出去了。两个人相遇相知，互相照顾，长大后也就自然地走在了一起。奶奶性格软弱，是那种逆来顺受、十分勤劳的女人，这样的女人和爷爷相处的时候还会经常吵架，可见爷爷是多么的、经常性的暴躁。在奶奶生了小薇的爸爸和小薇的叔叔之后，这个女人就把自己的一生心血付给了她的两个儿子，之后是儿子的孩子——小薇。小薇说，奶奶特别地疼爱她。

　　"当奶奶把所有的精力用在儿子们身上的时候，爷爷会怎么样？"我问小薇。

"爷爷会被忽略。"小薇和妈妈同时回答。小薇说："难怪爷爷会在暴打儿子们的时候手下不留情，夺爱啊！"她笑了，之后，似乎有点恐惧地说："爷爷会因为孩子们丢了一颗衣服上的纽扣而把他们暴打一顿，并且让他们跪在雪地里，大冬天不许回家睡觉，我爸爸就曾躲在下水道过夜，他说那时没有冻死算自己命大。"我很吃惊，北方的冬夜寒冷入骨，我小时候也有领教过。

一会儿沉寂之后，小薇突然又说："对了，我观察我爸爸的家族，亲人之间都很冷漠，但是很强悍，敢干敢冲。"

"我们回头看，爸爸家族的这种敢干敢冲的个性，最早在谁的身上呈现？"我问小薇。

"太奶奶那里。"小薇的脑袋瓜里面很清晰。

"是的。一个敢与整个'世界'的习俗挑战的女孩，可真的不简单呢。但是，她还是被世俗打趴下了，最后，也许她只是启动了她的死亡机制'逃了'而已！这样的女人，肯定有一些孩子们能看在眼里的独特的地方。让自己拥有自己最爱的人的一些特点，是对于那个亲人最大的传承。——这些孩子很像妈妈。"那个可怜的女人好像就在我的眼前。

"人本来就有动物野性的那部分，只是人类的文明和文化把那些东西压抑在'潜意识'中而已。"我用手势画了一个大圈再往下压以示意，之后感叹。

"同时，地主家的女儿，那么的有个性，后来嫁给了一个乞丐，我不知道这样的夫妻之间，是否还有一种东西，就是冷暴力？"我问。

"我奶奶对我爷爷应该也有冷暴力，我妈妈对我爸爸也有冷暴力。"小薇总结到。

她的妈妈在旁边点着头，说："我承认我有。现在回想起来，那是我可以对付小薇爸爸暴力的更暴力的方式。我也要好好地反省自己了，我也需要改变……"

3. 小薇的发病

小薇很快就要和妈妈回去了，走之前我们再次见面。小薇和妈妈约好了，这次小薇和我单独交流，在进入治疗室之前，小薇妈妈悄悄告诉我："今天看了那位精神科专家之后，小薇情绪很不好，下午曾站在珠江边哭了好久。"

小薇和前一天一样，坐在我的对面，我刚坐下，她就侃侃而谈，她说："今天去看那位精神科专家，那位专家给我的诊断是双相情感障碍Ⅱ型，之所以这样诊断，一是每次和爸爸吵架之后，我就抑郁一段时间，另外，去年高考之后，我突然就想通了，觉得所有的不开心都是过去的了，突然就觉得十分轻松快乐。这个诊断，我能接受。但是，当医生告诉我，我必须长期吃药，而且需要加大药量之后再慢慢减药的时候，我不能接受。我觉得吃药带给我的一些副作用（在此省略），会大过这个疾病带给我的伤害，所以，我突然感觉到很艰辛……"小薇又开始掉眼泪。过了会，她接着说："通过这几次的心理治疗，我感觉我的病好像并没有那么严重，我更多的是需要心理的调整，随着治疗的进行，我现在觉得我可以战胜它。"

"我相信你会越来越好的。我们看你的太爷爷大男子主义、脾气暴躁，太奶奶也是个非同寻常的女人，在他们那个年代，没有人认为那是疾病。你的爷爷那一辈，兄弟们也都很暴躁，暴躁到严重伤人的地步，当然，这个和当年的环境有关，人们也没有觉得不正常。但是，同样的环境，别人做不出那样的事情来，从严重程度来看，你的太爷爷、太奶奶、爷爷和他的兄弟们都已经达到了躁狂症的诊断标准，比你的症状严重多了。到了爸爸这里，因为时代的不同，有文化的爸爸也尽力地克制自己，但是，他的暴躁程度可能还是大过你，是吧？"

"爸爸肯定严重过我。爸爸在家里和妈妈吵架，常常拍桌子并且大吼。作为一个女孩，我现在觉得爸爸教育我被谁欺负就必须打赢他，这就有点问题。可惜，我已经习惯并接受了。"

"所以，你的骨子里也传承了你的父辈们的那些'狂野'的部分。"我调侃道。

"是的。"

"只是在这个国人越来越追求中庸的年代，你的症状虽然没有你的任何祖辈严重，但是大家却觉得不正常了。"

"是的。"她很委屈。

"所以，以前很严重的时候，你们的族人都不需要吃药，但是，作为家族症状最轻的你，现在却需要吃药了。"

"是的！我知道这个影响了我的社会功能，我才愿意服药。但是，我的每一次发病都是和爸爸吵架有关的，所以，我觉得如果真的需要吃药，我只是需要那么一点点就可以了，更多的，我需要解决我和爸爸之间的一些问题。虽然爸爸现在比以前好多了，他已经开始反省自己了，但是，我觉得我还是需要和我爸爸好好聊聊，不能经过妈妈，这是我们之间的事情。"

我不得不佩服这个 18 岁的女孩儿。

在这里，我们谈谈"双相情感障碍"这个疾病。

心理学知识

【情绪类疾病的相关知识】

双相情感障碍是属于情绪疾病。根据患者的情绪低落和高涨情况，情绪病分为抑郁症和躁狂症，后者根据患者情绪的高涨程度，分为"躁狂发作"和"轻躁狂发作"；当患者曾经有过抑郁发作和躁狂发作，就可诊断为"双相情感障碍Ⅰ型"；当患者曾经有过抑郁和轻躁狂发作，就可诊断为"双相情感障碍Ⅱ型"；当患者同时有抑郁症的症状，又有躁狂症的症状，就可诊断为"双相情感障碍混合发作"。

那么，抑郁症和躁狂症的诊断呢？

1. 抑郁症

抑郁症的核心症状为：①情绪低落。②兴趣减退或缺失。

抑郁症的诊断标准是：在至少两个星期中，至少有以上两个核心症状中的一个，同时出现以下症状共 5 个，且功能较以前有所改变，可诊断为抑郁症。①非节食性的体重显著减轻或增加。②几乎每天存在失眠或睡眠过多。③几乎每天存在精神不安或精神运动迟滞。④几乎每天均感疲倦或精力缺失。⑤几乎每天有无价值感或过分的、不适切的罪恶感。⑥思考或集中注意的能力降低，或犹豫不决，几乎每天如此。⑦反复想到死（不只是怕死）、反复出现无计划的自杀观念、自杀未遂或有具体自杀计划。

2. 躁狂症

躁狂症的诊断标准如下。

（1）一段明确的时间有异常而持续的心境高涨、夸大或易激惹（容易生气、寻衅或争吵），至少持续一周（或更短时间，但达到了必须住院治疗的程度）。

（2）在心境障碍时期内，持续地表现出下列症状的（如仅为心境易激惹，便需四项），并达到显著的程度。①自我评价过高或夸大。②睡眠需要量减少。③比平时更健谈，或有一直要说话的紧迫感。④思维奔逸，或主观体验到思想在赛跑。⑤随境转移（即注意力很容易转到无关紧要的外界刺激上去）。⑥有目的的活动增加（社交、工作学习性活动）或精神运动性激越。⑦过分地参与某些有乐趣的活动，而这些活动极有可能会造成痛苦的后果（如无节制地疯狂购物、轻率的性行为或不明智的商业投资）。

下面了解下轻躁狂的诊断。

轻躁狂的诊断标准：在以上躁狂症的诊断中，轻躁狂的诊断是将以上第（1）条改为：情绪高涨、夸大或易激惹，持续至少4天的一段确切的时间，明显与平时非抑郁心境不同；与第（2）条相同；相比于躁狂发作，轻躁狂发作时严重性尚未达到引起明显社会和职业功能缺损或有住院的必要，且没有精神病性症状（幻觉、妄想等）。

另外，即使患者有以上的情绪障碍，但必须排除这些症状是因为服用药物或精神活性物质（如毒品），或者是因为躯体疾病所致的情绪障碍。

我们现在无法确认小薇祖辈的确切情况，但根据小薇和她妈妈的描述，他们的情绪明显地异于常人，有高度的双相情感障碍Ⅰ型的可能（患者只要有躁狂发作，基本确定有抑郁发作过，都可诊断为双相情感障碍）；而小薇的情绪高涨并不是很明显，她的学习功能受到影响，主要是在她抑郁发作的期间，她的主诊医生可能也是基于这个原因而诊断她为双相情感障碍Ⅱ型。

回到我们的治疗室，分析了小薇的病情之后，我问及小薇和爸爸吵架以及发病的情况，还没有开口，小薇的眼泪又是唰唰地流。

"在我读初中的时候，我开始喜欢一个男孩子。我就是这种性格和脾气：喜欢就是喜欢，不喜欢就是不喜欢，毫不掩饰自己的喜怒哀乐。我喜欢那个男孩子，也就在学校公开表示我喜欢他。有一天，当我们在操场练习跳远的时候，大家一起笑谁有腹肌，谁没有腹肌。当我看到我喜欢的那个男孩子有很让我羡慕的腹肌的时候，我由衷地羡慕和佩服，因为我练了很久才能看到一点点，于是，我也就毫不掩饰地用自己的手去摸那腹肌，结果，这一幕，刚刚好被学校的教导主任——一个40多岁的女人看到了，于是……"

小薇抽噎地说不下去了……

我笑着模仿着她可能的样子为她岔开情绪，"我相信你当时肯定两眼发光，'哇——'"

小薇禁不住含着泪笑了起来，用纸巾使劲地擦着她的眼泪和鼻涕，继续叙说："很快，学校把我作为一个'典型'在大会上'批判'。那个教导主任，是个平时骂起人来3个小时不停歇，从头到尾所有尖酸刻薄的词都能用上而且绝不重复的一个厉害女人。那天，她在操场上对着我一顿谩骂后，接着在全校师生大会上又是一顿批……"

"她骂你的最刻薄的语言是什么？"

"'不要脸'，'婊子'。"

"那时，你心里服吗？"

"不服。可是，之后她给我爸爸打了一个电话，说了我各种的'不要脸'。你知道我爸爸的脾气，你能想象得到他听到后是多么地'暴跳如雷'。我回家后他二话不说，就是一顿打，第一巴掌就已经把我打得流鼻血了。"

"那时候你的感觉是怎么样的？"我的心疼得要揪一起了。

"我就是恨！我就像我爸爸教我的那样，我的第一反应就是现在我打不过你，但是，终有一天，我会打过你的，我也要把你打趴下。"

"唉……"我心里长长地叹息。

"接着，我的内心又出来了另一种想法，我觉得我给我爸爸丢丑了，有了这个想法之后，我就再也不想去上学了。我不想再见到那位老师，不想再见到学校的同学，在家里整天睡大觉，由我妈妈定时去学校拿复习的卷子和考试的卷子回家，勉强完成了那个学期的学习，之后，爸爸妈妈拗不过我，给我转了一个学校读书。"

"之后就慢慢恢复了，是吗？"

"是的。"

"那第二次发病呢？"

"那是高二下学期，我16岁的时候。"她深深地吸了一口气，调整了一下情绪，说："那是我爸爸和妈妈吵架之后。我以前是很怕我爸爸的，不过，这时候我感觉我已经克服了对我爸爸的恐惧。看到爸爸和妈妈吵架，我感受到我骨子里的那份愤怒。现在我理解了，那份特殊的愤怒特质应该就是传承了我爸爸的家族的！我拿出我爸爸妈妈的结婚证，摔到我爸爸面前喊着——'你能不能和我妈妈好好说话，请你们不要这样闹下去，你们这样有什么意义，有种的，你现在就去和我妈妈离婚！'"

"爸爸的反应呢？"

"那天，他竟然没有再打闹，而是嘟囔了一会就不出声了。"

"你呢？"

"我又不上学了，在家里连续睡了好多天。这一次，爸爸妈妈带我住院了，诊断为'抑郁症'，从此我就开始服用精神科药物了。"

"初中那次和这一次的情况是一样的吗？情绪很低落吗？"

"是的。觉得做什么都没有兴趣，活着也没有意思，那就睡觉。"

"你好像很护着妈妈？"

"是的。小时候没有感觉，在我读小学之后，我爸爸开始在外地工作，很长时间才回来一次，回来后就和我妈妈吵架，有时候还打我妈妈。记得在我上小学五年级的时候，妈妈打了一次胎，那时我对于打胎还没有概念，但是，看到妈妈从手术室里出来脸色苍白、人很虚弱的样子，我心里就明白那是一件不好的事情了。到了初二的时候，妈妈又怀孕了，我清楚按照计划生育政策妈妈这次也必须打胎了。那天是我陪着妈妈去医院的，爸爸没有回来。妈妈自己签了手术同意书，自个走进手术室，我一个人在外面等着。看着'手术室'那三个字，看着一扇大门把我和妈妈隔开了，我立刻紧张起来了，我害怕失去我妈妈，那种害怕我控制不了，我的拳头握得紧紧的，整个人对着空调站着仍然大汗淋漓，全身湿冷，旁边的人也发现了我的异常，都过来安慰我，可是，我还是控制不住自己的恐惧，直到妈妈再次脸色苍白地从手术室里走了出来……"小薇再次不停地流泪，用纸巾不住地擦着。停了一会儿，她继续说："我觉得自己快要崩溃了，爸爸没回来，我还不能把这事告诉我的外公外婆，他们打电话过来的时候，我只能告诉他们我和妈妈都挺好。我害怕他们担心，害怕他们知道妈妈打胎后伤心。妈妈打胎后，我一下子好像变了一个人，开始学会了煮饭、炒菜、煲汤，以前我都不会干的，现在我都会了，而且还会洗衣服、搞卫生了。一个月后，爸爸回来了，回来后他没有丝毫地心疼妈妈，而是又和妈妈吵架了，那天，我终于控制不住了，我对着我的爸爸狂吼，吼啥自己都不记得了，我知道，我在发泄那段时间所有的委屈和害怕。也许，我的狂怒也吓着了爸爸，他竟然无言以对，默默地离开了。第二天，我又一次睡着不起来了，情绪低落到连死都懒得死了，自然，我休学了。"她擦着眼泪，停顿了一会继续诉说："在我小学和中学的时候，我一心情不好就去打群架，发泄我的伤痛，有时候把自己的拳头打得流血都不知道。但是，看到我妈妈那样的时候，"她指着自己的心脏位置说，"我明显地感受到了心痛，我常常能明显地感受到心痛从这里慢慢传递到手指的感觉。"

我承认，我的心也很沉重，但是，我静静地听着她诉说，脑子也在急速地运转着。

"妈妈再一次手术，是因为她反复流产得了子宫内膜异位症，做了全子宫切除术。那天，妈妈手术的时候，我和爸爸在手术室外等候，妈妈手术后我们两个轮流照顾她。在妈妈手术和恢复的过程中，我和爸爸两个人彼此都常常躲着对方哭。这一次，我明显地感觉到我爸爸开始静下来反省自己了，我感觉到他后悔了。那次，看着他流过泪的眼睛，我瞬间心软了，心想：原来爸爸不是石头做的。后来，加上我自己生病，我再次感觉到爸爸不再是以前的那个意气风发的爸爸了（她再次用了这个词形容爸爸）。"

"也许你的心已经在原谅爸爸了？"

"应该是的。不过，那些伤害始终是存在的。我曾经做梦都想杀了他，但是，在去年高考之后，我觉得一切都过去了。我现在也明白了，正因为我爱我爸爸，所以，我才恨他。正因为我想我爱的爸爸应该是我想要的样子，所以，我对他才有怨恨。"

"可是，后来，我也逐渐明白了我父母的感情，无论他们之间发生了什么，他们在一起好的时候还是那么的好。我现在也逐渐明白了，这么多年来，我做了好多好多的努力，可是那些好像都是徒劳无功的。"

"也许真是这样的。不过，我们走的人生路，不可能每次都走在正确的道路上的啊！"

"嗯。特别是后来，我逐渐发现我并不是我妈妈的唯一，而我以前觉得我是她的全部，我就开始有点失落了，慢慢地，我觉得应该为自己而活了。"

"应该说你的认知有了一个提升，达到一个高度了！"我给她一个大拇指点赞。

"但是我付出了很大的代价，好多年陷入了和我父母的纠缠中。"她很伤感。

"是的。成长往往是需要我们付出代价的。"我满心怜惜。

"也许，以后我也会经受妈妈的那些苦难，经受爸爸面对孩子叛逆的艰难。"她突然苦笑着看着我和她的妈妈说。

"那也是我们的人生必然要面对和需要成长的过程啊！"我肯定地说，突然想起刚才在小薇叙述的过程中想到的一个问题，我问："你说的你将来也要经历的苦难，会不会也包括以后有可能像妈妈那样经历流产呢？"

小薇愣了一下，很快又回过神来说："会的，不会的可能性很小。"

"有可能会很痛，可能会面色苍白，可能还会有其他一些危险？"

"我觉得我能接受。"她很坚定。

"可是，妈妈的流产却给你带来了很大的创伤。"我看着她说，现在有点小心翼翼了："也许，妈妈都没有觉得那是件大事，如果她觉得这是和她的性命攸关的事，我觉得她不会不让你爸爸陪着的，也不会不告诉自己的父母而只让自己的女儿陪着，是吗？也许，你爸爸也没有觉得那是很大的一件事，因为，如果他觉得这件事情很重大，我相信就像你现在看到的他们还是有感情的，那他当时肯定会回来，对吗？"我静静地看着她，静静地一字一句地说："所以，伤害往往是自己给自己的。"

时间就这么的停止了几十秒钟……

我接着说的话好像给了她一记重锤："第一，就像你说的，这么多年来，你一直插足在你的父母之间，做了很多徒劳的事情。第二，当妈妈把她的软弱呈现在你面前的时候，她就成功地俘虏了你的心，虽然那不是她脑子想要的，但事实上你开始和妈妈连在一起了，你爸爸成了你们之间的第三者，他不恨你才怪，你没有在你应该在的女儿的位置上。第三，你和你爸爸一样，都传承了你们家族的'霸王'般的特质，由此我相信你以后会是个不错的领导，无论是哪种职业、在哪个岗位。现在，你在通过征服你爸爸而获得家里绝对的控制权，强硬的手段不行，生病可能是唯一能打倒你父亲的事情。你想想，那么骄傲的一个人，当知道了自己心爱的女儿得了精神疾病之后，他会受到多大的打击？但同时，你也太厉害了，能找到这个不是武力而更强过武力的方法打败那个男人。说实在的，他的暴力，对作为一个女孩子的你绝对是伤害，他也是在为自己的行为买单。第四，其实，在这一切的后面，有一个更为重要的人物，就是你的妈妈，妈妈没有独立完整的自己，她和你紧密相连，这样，你们两个都没有完整的、独立的自己了，这对你来说，很不公平。"

"对了对了！我妈妈确实非常精明，其实我早已经意识到了，我在我妈妈面前没有任何的隐私，我所有的希望保密的个人隐私都逃不过妈妈的眼睛，所以，我选择了和她合二为一。"

"现在好好感受下，当你选择这种合二为一的时候，你内心的真实感受是什么？"

小薇把双手放在大腿上，坐直身体，闭上眼睛感受她内心的感觉，之后，她睁开眼睛说："很无奈！也有点伤感！"

"为何会伤感？"我好奇。

"伤感自己没有能力成为真实的自己，没有办法，只能妥协。"她的情绪瞬间低落。

"现在，回过头来评估下当时你选择妥协错了吗？"我问她。

她边思考边说："现在看来，当没有更好的选择的时候，妥协未必是一件坏事！"

"起码可以保全自己。"我笑着说。

"是的。"她笑着说，"其实，我们有时候会使用自己潜意识的智慧的。"

"当然。"我肯定地说，"我们每个人都有自己也没有意识到的很多智慧。"

"嗯……"她开始低着头沉思了起来。

几分钟后，我看着她问："想什么呢？"

她抬起头来看着我说："我觉得我要离开我的父母，为自己做打算了。再过几个月就是高考了，我想我以后无论做什么事情，都应该拥有最专业的知识，那样自己才能够强大。"

"对自己有信心吗？"

"有。我觉得，当我更好地认识自己之后，我一定要为自己努力了。以前心里有杂念，但是现在，我希望努力地为自己活一把。"

后记：治疗结束后，我和小薇妈妈做了一次简单的交流，这个聪明的女人，意识到了自己的问题，她说，她以后要逐渐地学习如何能好好地照顾自己。

关于初中教导主任的这段经历，在治疗中我和小薇做了一些化解，为了保护当事人的隐私，在此不做详述，请谅解。

小薇临行前说她将在高考之前，每个月飞来广州做一次治疗，以她的话说——"磨刀不误砍柴工"，但是，我一直没有等到她再回来。

小薇，你还好吗？我期待着未来的一位雷厉风行、有胆有识的女性领导能在这个世界上活出自己的一番风采，祝福你！

到目前为止，双相情感障碍的病因一直未明，生物、心理与社会环境诸多因素参与其发病过程，小薇的发病就是很典型的例子。但是，在小薇的治疗过程中，精神科医生和心理治疗师并没有进行很好的沟通，原因很多，我在这里只是希望有越来越多的精神科医生学习和了解心理学的知识，同时，能有更多的心理治疗师参与到与精神科医生的合作之中。

小薇的家族不但有控制情绪的问题，更有我们在养育孩子的过程中的观点问题。教师如何做到约束自我言行的问题，在孩子的成长过程中父母双方如何更好地履行自己的职责问题，关于后者，请大家参阅《家庭里的心理学故事》①。在孩子成长过程中给他们一个晴朗的天空，是我们每个家长和学校老师义不容辞的责任。

再后续：目前小薇正在北方的一所管理学院读大学。

第二个故事　一心想死的女孩

命运这个东西，是一条拧巴了很多的无可奈何、自然而然以及很多的偶然和不期然而成的一条河流。身处这条河中，我们往往无意识地跟着水流游动，期间，我们或不自觉地或主动地，或被迫地品尝到个中的酸甜苦辣咸。

每个人都在这条河中挣扎着想成为自己河流的主宰，或成为游泳的高手，或通过自己或者自己能依靠的力量打造一艘船，也许是小船，也许是大船，生命的需求促使着你发挥最大的潜能去走得更远、更顺、更自由、更快乐。只是，有的人，游得很痛苦、很艰难，游得很无助，甚至会溺亡……

送人玫瑰，手有余香——无论你是送给陌生人，还是和你有血缘关系的亲人。那么，你在这条河游泳的过程中，将给身边的人送点什么呢？

1. 她的家庭背景

钰儿19岁，是个正在读职中的女孩子，一个月前，因为服药自杀被抢救回来。我第一次见到她的时候，她正坐在精神科医生诊室里和她的父亲倔强地僵持着："我不想做心理治疗，我也不想住院治疗！"她反复地嘟囔着。我打量了下她：1.6米左右的个头，齐肩短发，大眼睛，精致的瘦长脸，面色苍白，无精打采，说起话来有气无力，大风吹来就可能吹倒的样子。在医院里接到的个案并不像院外接的多数个案那样，来访者是主动来找医生的，有时候心理医生还要做来访者的引导工作。当我了解了情况之后，我当着钰儿的面征求她父亲的意见：如果钰儿还有想自杀的念头，最好是住院治疗，强迫性的、必需的。钰儿的父亲看着女儿问："肯定不住院？""是的。"钰儿很坚决。"那你就必须做心理治疗！"钰儿爸爸也很坚持。钰儿低着头沉默了一会儿之后，答应父亲跟着我做一段时间的心理治疗，我也提出了我的要求：在治疗期间，可以有自杀的念头，但是绝不能有实施自杀的行动，钰

---

① 党家梅子，黄雄. 家庭里的心理学故事［M］. 西安：世界图书出版公司，2018.

儿也答应了。

钰儿父亲对于女儿治疗的当机立断，还是有父亲的威严的，有这样的父亲配合，那时我对治疗的效果还是有信心的，于是，我们预约了心理治疗的时间。以家庭系统治疗为主的我按照既往的治疗经验，给钰儿的父母和钰儿布置了作业——画曼陀罗画。

第一次治疗，钰儿是和她的父母一起来的。他们各自都带来了自己的作业。钰儿的曼陀罗画有点强烈的画面刺激，稍后和她做个人治疗的时候才探讨。爸爸的曼陀罗画线条比较紊乱和有喜剧感，在我们第二次见面看它的时候，其"威力"让我无法控制地和钰儿及其父母都笑得流眼泪了。画面清晰舒适的是妈妈的画，清爽漂亮，让我刚刚拿到手时错以为那是钰儿画的。

看着这一家的曼陀罗画，我觉得还是要先从他们的原生家庭了解为好，以下是我了解的情况。

钰儿的外公是个老实人，他有两个姐姐，他一直是在姐姐们的关爱下长大的，所以，钰儿外公后来找到外婆就不奇怪了——外婆有3个哥哥3个妹妹，从小她就一直做她原生家庭兄妹们的"半个母亲"。外公和外婆也就一直做着像姐弟一样的夫妻，倒也和谐，妇唱夫随。他们生了5个孩子，钰儿的3个舅舅和钰儿妈妈，还有一个小女儿在四五岁的时候，因白血病去世。钰儿的外婆外公一直努力地做工养活孩子。钰儿的妈妈主要是在奶奶的特别疼爱和兄弟的特别爱护下长大的（一定程度上，她的生命还承载着另外一个女孩的部分）。她从来不用做农活，也不用做家务。

"这就是爸爸妈妈对你的'宠'吗？"我插了一句。

她愣了一下，想了想说："在农村，孩子们都是放学要干活的，我不用，这中间有父母对我的宠，其实，他们也是顾不上我的，任由我自由自在，自己想干啥就干啥。"

由于父母兄长一直顺着她，所以，在钰儿妈妈年轻时看上有"江湖义气"的钰儿爸爸，被他吸引并一定要嫁给他的时候，她的父母强烈反对，但是最后也拗不过自己的女儿。

在钰儿妈妈的曼陀罗画中间（见图3-3），是"自我意向"部分：她画了一个长发的女孩（现实中她留着中年女性的短卷发）。曼陀罗画中左上角的"亲密关系"部分，她也画的是一个穿长裙的女人，她看着画里的女人说，她不想和任何人太过亲密，一个人自由自在。她的曼陀罗画右上角的"亲子关系"部分里，画的是自己和钰儿胳膊挽着胳膊，后面是钰儿的两个哥哥，她在旁边写着：和子女快乐地生活。图的右下角她的"自我追求"部分是：她画的是有钱有车有楼。整个图里，没有钰儿爸爸，我问为什么，她

心理曼陀罗（一）

1. 请在大圆内绘出你内心相应的意像或者故事。

2. 体会你的作品并描述你的心情。

绘画后的心情：__平静__

左下：请画出你印象中的父母关系；   左上：请画出你意向中的你的亲密关系；
右上：请画出您自己的亲子关系；   右下：请画出您的自我追求；
中间：请画出您的自我意像。

您的姓名：   性别：女   年龄：45

联系电话：   时间：作品的名字：__爱生活__

图 3-3　妈妈的家庭曼陀罗画

说他们已经离婚两年了，是协议离婚，只是到现在还没有完全分开住。钰儿爸爸在外地做生意，偶尔回来，最近才谈一些离婚的协议，协议的主要内容是：她如果离婚离开这个家，以后就永远不能再踏进这个家门，回来探望孩子只能在家的外面。他们现在的这个家，是钰儿爸爸家的老宅。

钰儿妈妈画的第二幅图（见图3-4）是"情绪曼陀罗"，是要求画出自己的情绪。钰儿妈妈画出了一个短卷发的女人，就像她现在的自己。她说她画出的自己既开心又有忧愁。开心的是她的儿女都已经长大，忧愁的是，她因为赌博、高利贷欠了私人和银行一些债务，这么多年来利滚利，怎么都还不完，所以，希望现在做生意能早点还清那些债务……

图3-4　妈妈的情绪曼陀罗画

"赌博？"我有些吃惊。

接着，钰儿妈妈叙述到：十年前，她和钰儿爸爸开了一家制衣厂，在工厂生意最好的时候她突然发现丈夫有外遇，和工厂里打工的小妹十分亲热而且不避亲疏，她的激烈抗议没有效果，于是，她放纵自己开始了赌博，之后就一发不可收拾。开始的时候，她还能轻易地从厂子里的利润中拿到钱来赌博，后来工厂的生意经营失败接近破产的时候，她这才发现，自己好像已经陷入了债务的泥潭不能自拔了……

"但你始终还是个公主？"我拿给她看她的自我意向中的自己。

"是的，我就是这样，不喜欢别人管，更不喜欢丈夫管我。我就喜欢自由自在。"（今天回忆这个个案的时候，我才明白她当时在钰儿爸爸面前故作坚强……）

"欠了那么多的债务，也自由自在吗？"我当时很好奇（因为绘画多数表达了她当时的状态）。

"当然有压力了，只是总有还不完的债，所以有点愁。"她说她愿意承担这个后果。钰儿爸爸说："我已经帮她还了几十万，但当我发现总是还不完的时候我就放弃了。"

"当年，你为什么要嫁给钰儿的爸爸？"

"可能感觉到他可以保护我。他以前也经常和别人打架，我觉得他能像个男人保护我。"（而此刻，那种保护感已经不在，她话中的自嘲、攻击，过后我才意识到。）

"感觉他像个大侠？"我调侃她。

"有点。"她不好意思地笑笑说。

"她就像个孩子！"——在一旁一直边听我们三个交谈，一边自顾自地玩起沙盘游戏的钰儿冷不丁地评论妈妈。而我尽管是和钰儿的父母交流，但也一直在关注着钰儿的状态。大略地浏览后，我已经发觉钰儿的沙画中的主人公基本上都是男孩子，和钰儿每次来的中性打扮相符合。

"所以你要保护她？"我笑着问钰儿。

"是的。"她心不在焉地回答，但是比较坚决。

"当你把自己陷入了弱者地位的时候，孩子们可能就要为你承担压力了。"

"我知道，我也不希望他们这样，所有的后果我自己愿意承担。"

"你承担得起吗？"钰儿斜着眼睛不屑地反驳着她，看来这件事应该对钰儿的情绪有影响。

"高利贷好像是个无底洞哦，也许我们真应该想出一个办法对付它才行！"我和钰儿的妈妈商量好，以后专门谈下这个问题。

钰儿爸爸是家中的长子，下有弟弟妹妹。钰儿的爷爷当年为了养家糊口常年在外打工，很少回家，一年中少数在家待的日子里也是一副很严肃的样子，很少和孩子沟通，孩子们如果做错事情，他就给予很重的体罚。"只要我和其他孩子打架，不管谁对谁错，都会被爸爸狠狠地打。"钰儿爸爸有点伤感地说。因此，他们兄妹都很怕爸爸。

"你的父亲那么严厉，你觉得对你有什么影响吗？"我问。

"也许从父亲那里，我没有学到一个男人怎么去做父亲。我像他一样对孩子也很严厉，结果，孩子们对我也是很害怕。他们现在和我都不亲（密），不听我的话，我也很难过。特别是钰儿，现在这样，让我觉得自己是一个很失败的父亲。"

"另外两个孩子情况怎样？"

"大的男孩根本不理他爸爸，现在在读大学。小儿子现在读高中，也不和爸爸说话。"钰儿的妈妈说。

"钰儿呢？"

"也不和爸爸亲（密）。"钰儿的妈妈好像有点骄傲。

"每个孩子都知道爸爸对妈妈的背叛吗？都觉得妈妈过得很苦，而爸爸不负责任？"

"嗯……"钰儿的妈妈好像被触动，犹豫地点点头。

钰儿的爸爸有点伤心和无奈，接着他激动地说："我这个老婆来到我家后什么家务都不做，生了孩子自己不带而是让我的母亲带，家里做饭、搞卫生，都是我的母亲在做。她就只知道赌博，想做什么就做什么！"

"我也有做家务，只是你看不到！"钰儿妈妈争辩道。

"你的母亲一直和你们一起生活？"我问钰儿爸爸。

"是的，"钰儿爸爸说，"我母亲一直很勤劳，几个孩子都是她带大的。"

"我怎么感觉你的母亲才是这个家的女主人呢？"我说出我的感觉。

"对对对！"钰儿妈妈说，"我的家婆一直很啰唆，我做得不好的地方她一看见就埋怨，所以我不愿意待在家里，特别是我的丈夫出轨之后，我喜欢上了赌博就更不愿意待在家里了。"

"赌博赢过吗？"

"开始赢了一点，后来就一直输。"

"万一有一天真的赢钱了呢？"

"那，可能丈夫就会对我好了！家婆也会对我好了！"

"你在努力地让大家喜欢你、看重你？你能赚钱了就能和丈夫平起平坐或者能让他们看到你了？"我问。

"是的。当我的丈夫带着别的女人回来的时候，我的内心其实是很自卑的。当家婆总说我做事不好，而她很能干、做很多事情的时候，我的内心更多的也是自卑，觉得自己很糟糕。"

"所以，你在这个家待不住，要出去做点事证明自己？"

"是的。只是我选错了路！"钰儿妈妈又是瞬间泪崩，钰儿体贴但不悦地给她递上纸巾。钰儿妈妈继续诉说："自从钰儿爸爸有了外遇之后，他的眼里就没有了我，家婆的眼里也没有了我，他们对我不仅没有起码的尊重，更看不到我心里的痛苦。"

"你向他们表达了你的痛苦吗？"我问。

"家婆啰唆我就走开，我也和丈夫争吵过，但是无济于事。"她很委屈。

"吵架一般都是强迫别人听从自己，或者强迫别人成为自己想要的样子，是吗？"

"是的。"她点点头。

"成功的机会大吗？"

"不大。"她开始安静了。

"妈妈就像没有长大的孩子，太天真了！天真得有点傻！"钰儿有点恨铁不成钢。

钰儿爸爸搓着手，有点儿不自然，他说："过去的已经过去了，谁都有错，现在说有什么用呢？"

"父母的状态，一定会影响到孩子，不是吗？"我问他。

"我的孩子我以后带，不用她操心。她自己管好自己的债务就好了。"钰儿的爸爸对钰儿的妈妈好像是一肚子的不满意。

"如果妈妈生活得不好，孩子会生活得好吗？"我问钰儿，她摇摇头。

我朝钰儿爸爸摆摆手，表示无奈。

沉默……

"我们现在看看钰儿在这里做了什么好吗？"我把大家的注意力引到钰儿的沙画里，她已经自个儿默默地完成了她的沙盘游戏。整个的治疗过程中，我没有忘记我们所有的谈话都是为了钰儿。

钰儿分享自己的沙画（见图3-5）：左下角栅栏内的沙图（见图3-6），她说坐在蛇中间的男孩是自己，旁边的"鬼"也是她自己，老虎是她，驯服老虎的人也是她。沙画中间有一座桥，桥左边的男孩是她，桥对面的女孩是她的妈妈（见图3-7），妈妈想过来她这边，但是，旁边有蛇、有毒蜘蛛，很危险。接着，她看着那里沉默了一会后说："其实，应该是我想去妈妈那

图 3-5　钰儿方向

图 3-6　钰儿的世界

图 3-7　钰儿和妈妈中间有一座桥

图 3-8　妈妈的一边

边去不了（见图3-8），有点危险。"——沙画呈现了钰儿潜意识的内容，也许，就因为这危险让她犹豫和抑郁。我也看到了"妈妈"的双胳膊是断的，在沙盘游戏的过程中，往往提示案主做事的能动性受阻。

"其他的呢？"我看着沙画问她。

她看着汉堡旁的两个男孩（图3-9）说："妈妈的后面是我的哥哥和弟弟，他们很快乐地在玩，我感觉到和他们没有共同语言，加入不到他们中间去，所以很郁闷。"

图3-9　妈妈和两个儿子

"你觉得问题在哪里？"我问。

"不知道。也许是因为我是个女孩吧？"

"你是个女孩，为何要以男孩来表达自己？"（这也是后来我们治疗关系出问题的基础。希望以后的治疗师如果不是特别必要，不要在父母的面前分析孩子们的沙画。）

"也许，因为男孩子没有女孩子那么多的麻烦吧？"她犹豫着回答。

"可是你来到这个世界的出场就是女孩啊！"我轻声地回应她。

"哦。"她迟疑地望望我，望望沙盘里的"母亲"和她旁边的那个"牛仔"男人。

我顺着她的目光问那个男人："这个是……？"

"我的父亲，"她有点狠狠地说，"旁边那些是他的女人。"

"你对那些女人恨之入骨，所以用枪对着她们？"我笑着看着她，她的嘴角轻轻地扬了扬。

"可是，在两性关系上，也许父亲的外遇只和母亲相关哦！"我跟钰儿说，之后看了一眼钰儿的父母，她的父亲有点不自在，我内心里明白：这里的两个女人都没有给他一点点"面子"。

王德贤教授指出了这里的一个严重失误：治疗的对象是钰儿，治疗师却没有和钰儿共情，所以走偏了路，治疗师没有跟着钰儿走。女孩在成长的过程中，父亲是她遇到的第一个男人，父亲对女儿的爱和接纳往往直接影响到女孩长大后和男性交往的自信心，所以，女孩常常会不自觉地和母亲争夺父亲的爱和关注，从这个角度讲：父亲如果有外遇，常常对女孩的打击胜过母亲的打击，反之，对于男孩，母亲有外遇对儿子的打击也是沉重的。

"是的，钰儿，那只是爸爸的事情，或者是爸爸和妈妈的事情，和你没有任何关系。我和你妈妈都爱你，无论我们两个怎么样。爸爸以前做错了，爸爸已经得到了惩罚，现在请你原谅爸爸以前给你造成的伤害，爸爸向你道歉。"

钰儿眼睛红红的，她撅着嘴巴，没有让眼泪流出来。

"'妈妈'的后面是什么场景呢？"

钰儿指着那些漂亮的屋子、沙发、凳子说："这是妈妈的童话世界，她一直是个孩子。"（见图3-10）

图3-10　妈妈的童话世界

"如果妈妈一直做个不承担责任的孩子，孩子的感觉会是什么呢？"我问钰儿。

"孤独……没有安全感吧。什么事情都只能依靠自己承担了……"钰儿边想边说。

"这样会有什么结果？"我追问。

"有的事情孩子能承担，有的不能。"钰儿还是面无表情。

"承担不了会怎么样？"

"出状况了！可能是不知道的各种状况！"说完她就低着头，不想再说话。

钰儿妈妈心疼地看着女儿，说："我知道因为妈妈的关系你们几个孩子受了很多苦。现在你们已经长大了，妈妈照顾不了你们太多了，希望你们都尽量自己照顾好自己，妈妈也能安心地面对自己的事情。"她伤心地流着泪。

"是的，每个人首先要为自己的生命负责。"我对着她们说。

"其他的呢？还有想和我分享的吗？"看看时钟，我们的治疗将近两个小时。

"这个也是我，"她指着图3-11树下的那个读书的男人，"这也是我。"她再指着图3-12的两个怪兽说。

图3-11　钰儿的沙画1

图3-12　钰儿的沙画2

"我们每个人的个性里，都有很多的方面，"我看着她说，"要怎么样整合，然后更好地发展我们主要的方面，可能是我们以后心理成长的主要任务，是吗？"

"嗯……"钰儿点了点头。

2. 对话

第二次见面，钰儿还是和爸妈一起过来，看起来就像邻家的一个乖孩子，虽然还是中性的打扮，但是有了一些女孩儿的文静。她不再像之前那样拒绝见我，当父母进到治疗室之后，她安静地坐在我的对面，让父母面对面隔着沙盘坐着。

"你们的关系怎么样了？"我问钰儿的父母。钰儿的爸爸说："她（钰儿妈妈）还是要离开这个家。"

"你是怎么想的呢？"我继续问他。

"我尊重她的选择。我已经认识到以前我做得不好的地方。我对她不好，经常打她，以为老婆是自己的就可以想怎样就怎样，以为孩子是自己的也想打就打，想骂就骂，现在知道自己错了，但是想对她们好点可能都迟了。她想留，我以后会对她好点，不留，我就以后尽力对我的孩子好点。"

"孩子们都跟你吗？"

"是的。"

"那你是否愿意做个努力，对她表白下呢？看还有没有希望？"

"好的。"

于是，钰儿爸爸就对着钰儿妈妈说："看在这么多年做夫妻的份上，看在孩子的份上，希望你能留下来不走，也给我一个改过自新的机会。"但是，钰儿的妈妈却说她不愿意留下来，她曾经给过他机会，是他不珍惜，因为他言而无信。看来，短期内想让他们的复合有点不可能，于是，我开始拿出钰儿爸爸的曼陀罗图，和大家一起分享（见图 3–13）。这一拿出来，三个人都忍不住笑了起来，我也忍不住笑出了眼泪，就那么一刹那间，钰儿妈妈笑着看钰儿爸爸的眼神，让我对他们的复合抱了一点希望，可下一次治疗的事实证明我的感觉错了，那就让他们各自走好以后的人生吧。

虽然画面很有喜感，钰儿爸爸却是实实在在地画出了他内心的想法和感受。

左下角的"父母关系"部分，钰儿爸爸说他画的是哭泣的母亲和冷漠的、毫不留情地打自己母亲的父亲。钰儿爸爸说：他的父亲在外打工每年回家就只有2～3次，每次回来发现他调皮做了坏事就会狠狠地打，打得特别"专业"。妈妈有不对的地方，他也打，打得很"冷血"。父亲赚了钱后也在外面找女人，自己当时很恨父亲。

"你就和他一模一样。"钰儿的妈妈斜了他一眼说。

心理曼陀罗（一）

1. 请在大圆内绘出你内心相应的意像或者故事。

2. 体会你的作品并描述你的心情。

绘画后的心情：平静

左下：请画出你印象中的父母关系；　　左上：请画出你意向中的你的亲密关系；
右上：请画出您自己的亲子关系；　　　右下：请画出您的自我追求；
中间：请画出您的自我意像。

您的姓名：　　性别：男　年龄：47

图3-13 钰儿爸爸的曼陀罗画

心理曼陀罗（二）

请在大圆内画出你内心相应的情绪。

图3-14 钰儿爸爸的情绪曼陀罗画

"我发现你和你父亲很像的地方是，都不会爱自己的女人和孩子。"我说。

"根本就不爱！"钰儿的妈妈说。

"不是不爱，虽然我说是因为你父母不同意你嫁给我我才一定要娶你，但是，你也想想，如果我的心里对你没有感情我会娶你吗？"钰儿的爸爸争辩道，但钰儿的妈妈好像根本不认可他的话。

"你爱了妻子这么多年，她却不认为你是因为爱她而娶她，问题在哪里？"我问钰儿爸爸。

"打的呗！他把妻子、孩子对他的爱打没了，和我爷爷一个样！"钰儿在一旁带着讥讽的语气说道。

"我认为你们是我的，我才打的！"钰儿爸爸不服气。

"我不是！从你带着别的女人进我们家门的那天起！"钰儿妈妈生气地说。

"我也不是！"钰儿补充。

"你永远是我的女儿！"钰儿爸爸只看着钰儿说。

"但是孩子们的心早已经和母亲联系在一起了！从妈妈在你面前成为'弱者'的那天起！"我看着钰儿爸爸，有点可怜他，示意他跟钰儿说点什么。

钰儿爸爸整理了一下自己的情绪，之后难过地对着钰儿说："孩子，真的对不起。我知道以前的我已经给你们造成了很大的伤害，原谅爸爸好吗？"这个男人开始流泪，钰儿还是那样强硬地、冷漠地看着他，他继续说："爸爸真的知道错了，请你原谅。我的爸爸也没有教育好我怎么去做一个好爸爸，所以以前我不会。但是，以后我会好好地学习怎么做你们的爸爸。"

钰儿突然情绪爆发，语速很快地对着自己的父亲说了很多的话，也许是为了能更好地表达，她说的是客家话，我不是完全能听懂，但是，隐约中我听到了她说：她和妈妈让爸爸别喝酒，他还是不停喝酒，天天喝，喝了就发疯，让孩子们很害怕；他伤害妈妈，他们也十分生气，哥哥和弟弟好像都有了心理问题，三个孩子都有了心理问题，可爸爸还是看不到……

钰儿爸爸用心地听着女儿对他的数落，之后，他说他脾气不好，是因为他压力很大，他不懂调节人际关系，所以总在社会上吃亏，但他还是坚持自己做人的基本原则，结果是有时候明明看着可以赚的钱却不能去赚。他想给妻子、孩子很好的生活，就只能努力地去克服自己的个性缺点和别人打交道，这样让他很累，所以，有时候回来不顺心的时候就打骂家里人。他不想把自己的压力告诉自己的老婆和孩子，因为他们都很单纯，他只能一个人默默地去承受那些压力。他因为睡不着、心情不好而喝酒，酒精能让他暂时忘记那些烦恼。在心里，他一直都在期盼着孩子们快快长大，以后有了好的前途能报答自己。现在钰儿得了抑郁症，他自己很难过，钰儿是他唯一的女儿、他最爱的孩子，他看着她这样自己很心痛……

钰儿爸爸很伤心地流着泪，钰儿的眼泪也在流，只有妈妈对他们的真情流露不屑一顾。

"我很小的时候，你们就把我送走，在我的印象中，你从来就没有好好地陪过我，更没有抱过我，对于我来说，你就像个熟悉的陌生人！你有那么多的委屈，你不讲，我们怎么能知道！"钰儿继续着自己的宣泄。

我这才知道，在钰儿刚出生不久，因为计划生育的问题，他们把刚刚满月的钰儿悄悄地送回娘家让钰儿的外公外婆带，直到一岁后才带回来他们的家。那时，农村每家可以生育两个孩子，钰儿已经有一个哥哥了，父母还想多生一个孩子，不想给别人知道钰儿的出生所以才送走她。感慨之余，我让钰儿和她的父亲一起站起来，爸爸给女儿一个拥抱。——钰儿在爸爸的拥抱中又流泪了……

王德贤教授点评这个环节时说：钰儿和爸爸之间的感情已经断裂了很久，重新建立起来需要一个比较长的时间经营才能逐渐丰厚起来，之后，才能有像"拥抱"之类的情感自然流露情况下的行动，所以，心理治疗师在治疗的过程中，要时刻保持清醒的头脑，明辨任何当下自我的感受是和来访者同步的，还是只是自己的。优秀的治疗师不但要有扎实的"跟"的技术，更要有在治疗的过程中不断和来访者产生共鸣的能力。

这父女两个再次坐下来之后，尽管不是完全听懂她的话，但我还是听到钰儿对妈妈说："妈妈明知道赌博打麻将不好还是沉迷其间，对我们造成了很大的伤害。我们会觉得这个妈妈不爱我们，虽然妈妈总是说她很爱我们。我们一直不了解爸爸，了解的都是妈妈和外婆眼里、口中的爸爸。以后，妈妈要学会承担自己的责任，包括自己的怨恨和命运，不能像个孩子，我们没有能力承担妈妈的怨恨和命运。"

钰儿妈妈认真地听着钰儿的"教育"，她承诺钰儿：她会照顾好自己，但是，希望钰儿也要承担起自己的生命的责任。

钰儿点点头，有点安心。但我看得出，她并没有那么信任自己的母亲，就像母亲不能完全信任她的父亲一样。

3. 我感受不到人间的感情

这是钰儿第 2 次做沙盘游戏的图案，当时我们在面对面坐着（见图 3-15、图 3-16）。在图案里，面对她的沙盘中上部，也就是靠近我这边的中间，是一个伸出双手的和蔼的和尚，他的前面是一个矮矮的、面对他的外星人"七仔"。中偏下的地方，是一个有着一双翅膀的外星人。正对着钰儿前面的，是一对年轻人，除了左侧中下方有一条埋在沙里的蛇以及面对着左侧人的一些猛兽——老虎和狮子外，整个沙盘里，摆放着的都是一对一对的年轻人。钰儿说，他们是一些很有热血的"黑手党"，是她喜欢的一个漫画里面的人物。

图 3-15　钰儿方向　　　　　　　　　　　　　图 3-16　治疗师方向

"他们为什么都是一对一对的呢？"我问钰儿。

她说："因为他们都是一个人。"

"雌雄共体？"

"是的，很多的时候，他们要和谐相处，相互包容。他们常常有着完全相反的个性和特征。"

"面对他们，你的感觉是什么？"

"没有感觉。"

"和你对于自己的感觉一样？"

"是的。"

"能给我分享点他们的事情吗？你可以随意联想。"

她指着正对着她的那一对人儿说："他们两个形影相随，无论发生什么事情都是在一起的。"

接着她指着左下角的一对人儿说："他们一个是这个世纪的，一个是另一个世纪的，一个沉默、一个活跃，现在他们为何要在这里相遇呢？""也许，冥冥之中有一些属于命运的东西，怎么办呢？"她自问自答。"凉拌，"她突然开着玩笑，之后说，"还是顺其自然吧！"

"七仔呢？"我问她。

"小飞象傻傻地看着这个佛，希望他能给自己一个拥抱。他就像白痴一样，等待着别人给自己一个拥抱！"

"为什么是傻傻的呢？"

"因为它被拥抱了也没有感觉啊！"

"但是，他不去接受这个拥抱怎么知道没有感觉啊！"

"也许是的。"

人类对自我生命的感知觉，是从还在母亲的怀抱中和母亲还没有完全分离的时候通过母亲的言语、眼神、身体接触等启发而发展起来的。当一个人错过了最初的在母亲怀抱中的自我生命体验，孩子就会永久处于一种隔离状态，在他成长的过程中，如果没有足够的自我修复过程，他未来的人生都很难有完整的自我生命的感知能力，继而发展出热爱自己、热爱生命的能力。看着一直在面无表情地玩弄着沙盘里沙子的钰儿，我一阵怜惜，问她是否愿意尝试下催眠，她表示同意，于是，我利用身份转换技术，让她体验小飞象的感受，约半分钟后，她说："小飞象很想感受被拥抱的感觉，但是因为它感受不到这个感觉而很苦恼。"我问这个问题该怎么解决呢？她说："给它一本书，让它学习吧！"（所以，在心理治疗室内，你永远不要小瞧来访者的智慧。）

我马上递给她一本书，她把书抱在胸前，之后，放在沙盘的旁边，她闭着眼睛，摸索着把小飞象以及沙盘中上方的那一对人儿，一起放在佛祖的怀里。

"有翅膀的超人呢？"我轻声问她。

"她也想被拥抱，只是不敢，所以只在一旁看着。"她仍然闭着眼睛。

"你看着它的感觉是什么呢？"我问她。

"没感觉！"她仍然面无表情。

"想为它做些什么呢？"我再问。

她犹豫了一下，之后说："要不就试试吧。"她轻轻地摸索着把那个有翅膀的外星人拥进佛祖的怀抱。

"为什么想试试呢？"我笑着问她。

"就让它感受一下呗！"

"现在感受如何？"

"很好。"她明显有点放松。

于是，我采用放松的方式促使她提高身体的感知觉，之后在意向中增强身体的能量。当治疗结束的时候，她又冷不丁地告诉我她还是想死。

我瞬间凌乱。刚刚在催眠中带给自己的成就感也瞬间有跌入谷底的感觉。整理了一下自己的情绪后，我说："想死只是抑郁症的一个症状。如果你现在就结束了自己的生命，那只是你被疾病打败了。如果你确定愿意继续做心理治疗，那就要暂时把那个想死的念头放在一边不去关注它，给自己一段探索自己的时间。"她答应了我的条件，确定继续来做治疗。之后，我征求钰儿父母的意见，他们还是尊重钰儿的选择，不去住院，定期来做心理治疗。我只能叮嘱他们，多多关注钰儿的状态。

> 　　王德贤教授在这里点评说：当钰儿说"还想死"的时候，在钰儿的意识里，就还有想死的理由。治疗师在此刻就要评估这个"想死"的危险系数，之后迅速决定是为来访者做危机干预还是确定下次面谈时要进一步探讨的问题，为来访者的心理成长确定一个大致的方向，同时，尽快在钰儿无望、无助、无力的当下，寻找可以利用的资源。

4.　家庭聚集

　　在这次预约治疗的前3天，钰儿的父亲在微信里给我留言，说他很爱他的女儿，请我救救他的女儿，他希望这次还能带着钰儿的妈妈以及大儿子、小儿子一起来见我，看看有什么办法能拯救他的孩子。在他的反复诉说中，我知道他又一次喝醉了酒，我建议他开始戒酒，要不我帮不了他们，他答应了，于是有了这一次治疗室内的家庭小聚。

　　那天一大早，这一家人就"风尘仆仆"地来到了心理门诊。钰儿爸妈看起来比较年轻，特别是妈妈，50多岁的人了，看起来像40岁刚出头的样子，带着他们两个高大的儿子以及女儿走过来，确实有点气势。他们的大儿子，也就是钰儿的哥哥正在读大三，大概1.78米的个头，相对于弟弟妹妹，他比较壮实，话少、沉稳；钰儿1.6米左右的个头，比较消瘦，那天来虽然外套还是像男孩子的款式，但一条蓝布长裙让我眼前一亮；弟弟也是1.7米多的个头，有点腼腆——这一家人，更像兄弟姐妹！这是我的第一感觉。

　　他们进到治疗室后，小小的治疗室因为他们的到来显得有点儿拥挤，于是，我们一起把沙盘搬到治疗室外。在他们坐下来之前，我抓住这个机会做了一个简单的家庭排列：让他们各自在治疗室找个合适的位置坐着或者站着。

大家在扭捏中进入角色之后，首先是大哥和小弟争抢着去门口的角落位置，结果，弟弟没能争得过哥哥，哥哥成功地躲在了门口的角落里，把弟弟

和妹妹逼到了前面，弟弟只好有点腼腆地面对着我；钰儿和弟弟并排，刚才她笑着看哥哥和弟弟像玩闹一样地争抢位置。在三个孩子找寻自己位置的时候，妈妈首先坐在我的右前侧，之后，爸爸坐在了妈妈的斜对面，这曾经的一对夫妻，欣慰地看着他们的孩子……

"爸爸妈妈看着孩子们是什么感觉呢？"当大家都安静之后，我问他们。

"很欣慰，他们都长大了。"爸爸看着孩子们有点小激动，妈妈也表示同意。

"孩子们自有他们的人生，你们看看，最后的结局还是他们远远地离开你们。你们两个的事情，还是要你们自己来面对和解决。"我强调说，虽然是对着他们说的，当然也是说给孩子们听的。

"很高兴你们今天能来到我这里，"我先向孩子们表示欢迎，"从刚才你们的行动中，我有点感想，不知是否符合实际？"

看着他们疑惑的目光，于是，我说出了自己的感觉：哥哥作为三兄妹的老大，24岁的大三学生了，长得又高大，在和家人一起来到这个陌生的环境的时候，按照常理，面临外界挑战的时候应该首先站出来，我却看到的是大哥和小弟在争着躲避。

"我就是这样一个人，什么都不上心。"钰儿的哥哥解释说。

"他就是这样，和我的性格是一样的，天塌下来当被盖，有啥事都不操心的。"钰儿妈妈说，钰儿和弟弟也附和说哥哥一贯都是这样的。

接着，当我了解到钰儿妈妈已经从钰儿爸爸的家里搬出去了之后，钰儿妈妈也表示她不可能再回到这个家了，我对着他们两个说："家庭、婚姻都是要用心经营的，而且需要我们用一生去经营。你们两个现在的结局是——经营失败了，这个肯定对孩子有影响。那么，我想了解你们婚姻的失败，将给孩子们带来多大的影响。"

我把父母离异对于一个孩子心理的影响分为10分。0分：没有丝毫的影响；1分：有点影响；2～5分：影响逐渐增大到有点痛苦了；6～9分：痛苦逐渐增大；10分：已经超过他们所能承受的范围了。

钰儿的哥哥说：0分，钰儿评估自己：5分，钰儿弟弟：4分。我一再确认，哥哥仍然说：没有影响。

妈妈继续解释说，哥哥的个性和自己是一样的。弟弟妹妹也笑说哥哥"没心没肺"。

"哥哥你仔细体会下，你真的是没心没肺的吗？"我也笑着，但是也带着探寻的目光问他。

钰儿的哥哥沉思了一会，说："没心没肺只是表明自己并不想在乎很多的东西。"

"你一般都不让自己在乎啥呢？"

"改变不了的东西！"

"比如？"

"爸爸妈妈的矛盾、债务啊之类的东西，还有很多……"

我知道哥哥已经拥有了一种保护机制，叫作"隔离"。

"你从什么时候开始，意识到自己可以做到没心没肺呢？"我继续问哥哥。

"大概很小就经常体会到这种状态吧。"

我带着复杂的心情看着钰儿的妈妈："你是不是也有这样的一个机制，越不能承受的痛苦越看不到那个痛苦。"

"是的。"钰儿妈妈又伤心地流泪。

我再对着钰儿的哥哥说："你这样的性格从另外一方面叫作乐观，它可以减少你的一些痛苦，但是，作为一家孩子的老大，如果你不去承担一些家庭的责任，包括承受一些家庭变故的影响，其他的孩子可能就会去主动承担了。你要不要和弟弟妹妹，特别是和钰儿经常聊聊天，用你较为乐观的态度影响她，那就要看你了。"钰儿的哥哥郑重地点点头（我记得钰儿在之前的治疗中说，她感觉到和哥哥弟弟沟通有点艰难）。

王德贤教授点评说：钰儿哥哥的这种状态，看似是个心理正常的孩子，实质上却没在一个父母的大儿子、弟妹的兄长的位置上，其心理状态并不比钰儿好多少，也应该找心理医生做心理成长。

在接下来的交谈中，钰儿的父母先后向钰儿兄妹做了表白。两个人表示无论他们离婚后走向哪里，他们都一如既往地爱着每个孩子；爸爸表示他可以承担未来几个孩子的学习、生活费用（如果钰儿在最后一次来见我时说的情况是真实的，爸爸的承诺其实是很沉重的，每个人都知道，唯独我不知道）；妈妈说她欠的那些高利贷她负责想办法偿还，不用孩子们操心（现在看来，这个承诺也是多么的苍白，钰儿和哥哥工作后都开始帮助妈妈）。这次见面，父母都表示了不可能和好，唯一的收获也就可能是让孩子们接受父母离异的事实，各自都安抚自己的伤口。

5. 令人窒息的往事

我认为，在这个世界上，希望得到别人的肯定和赞美，是所有人内在的渴望。人是高等动物，我们能看到或者感受到自己或者别人得到表扬时候的开心和满足，低等的动物是否也是这样，我不知道，起码，我知道我养的金毛狗狗是这样的。我家的金毛狗狗特别喜欢叼着水瓶之类的东西从街边比较繁华的一段路走过，听到别人赞美："哇，这只狗狗好好玩啊！""哇，这只狗狗很棒啊！"这时候，它总是一本正经、目不斜视，一副高傲的样子，我能感受到它此刻的满足，就像它用了几个小时终于帮我抓住跑进家里的一只老鼠那样，它走路的姿式和表情，充满了得意和骄傲，围着客厅转啊转，不时地斜看我一眼，等着我对它的表扬。

这两天天气比较冷，钰儿今天来了，不像以前那样随意打扮，她穿着一件黑色的薄羽绒衣，红黑格子短裙，黑色长袜，一双黑色有红边点缀的特别的运动鞋，头发好像特意剪过，齐耳短发，没戴眼镜，戴了隐形眼镜，描了眉，涂了口红，一副漂亮女生的样子，我由衷地赞美了她。猜测着她希望我看到她女生的一面，也有点伤感，那天，我可能潜意识里意识到了什么……

"今天我们谈点啥呢？"我微笑地望着她。

"没啥。"情绪还是低落，她一副啥也不想谈的样子，啥也无所谓的样子，我承认自己感觉不适，我的热情好像碰到了冷冰，但是，我没有去理清楚自己不适的情况，这也是我在这个个案中的失误。我承认，我没有容许她在治疗室内足够地做她自己……

"那可以做个沙盘游戏吗？"我调整着自己的热度。

她答应之后，在沙架前徘徊了一阵，之后拿了一个穿土黄色长裙的公主样女人和一个没有头、拿着书本的男人，让他们背靠背站在沙盘的中下 1/3 的地方。之后，她看着他们，也用眼神提醒我她完成了她的沙盘图案。

"这，有什么特别的意义吗？"我小声地问。

"都是我。"她闷闷地回答我。

"为什么要用这个代替你呢？"我指着那个没有头的男人问他。

"感觉自己有时候就是没有头脑的一个人咯！"

"啥时候开始有这样的感觉呢？"

"从初中的时候开始。"

"那时候发生了什么事情？"

"那时候我应该是处于叛逆期，很逆反，我不愿意做女孩，我想做男人，我的姑姑和我关系很好，我就把这个秘密告诉了我姑姑，我以为她是大人可以帮我保密，结果，她把这事告诉了我的妈妈，我妈妈就各种的'说'。"

"之后，你就觉得自己是个没有脑子的人？"

"是的。"她低下了头，还是没有表情、没有眼泪……

"那时候为什么想做男人？"

"不为什么。"

"和刚见你的时候医生说的那件性侵事件有关系吗？"我终于谈及这件事情了。

> 王德贤教授在这里点评说：治疗师越界！这里可以这样问：想和我谈点什么吗？——之后可以静静等待。

"有点关系吧？"

"能说说当时的情况吗？"

"我的数学老师要求我们三个女孩子放学后留下来补课，他把我们带到一个比较偏僻的课室。在补课的时候，他先后猥亵了另外两个女孩，到了我这里的时候，我不给他碰我，就说要和他打架，如果打过他，他就要放过那两个女孩，我带她们走……"她不再说话，仍然面无表情。

"结果你没有打过？"我的心已经沉到了谷底。

"是的。"

我能感受到钰儿那时的绝望。那个禽兽老师肆无忌惮地接着猥亵了钰儿，比对那两个女孩更严重。后来，当其中的一个孩子把事情告诉父母的时候，家长找到学校，学校对那个老师的处理只是取消了他"优秀教师"的资格……

我表示了强烈的愤怒和不可理解！

王德贤教授说：正确的做法应该是治疗师仔细地和钰儿辨析关于这件事钰儿此刻真实的感受。这也是王德贤教授再次指出在治疗中没有注意到的一个问题：界限！治疗师需要随时管理住自己的感受，关注来访者的感受。

"那小学呢？"一会儿之后，我打破了沉默，当我初次见她的时候，她的精神科医生告诉我她在小学、初中都遭受了性侵。

"小学是在外补课的时候，妈妈帮我找了一个私人的老师，学生们周末都在老师家学习和吃饭、午睡，有一天我和同学们午睡，后来发现老师睡在我旁边动我……"

"有同学和你一起睡觉，老师还敢这样做？"我又十分地气愤，"后来你告诉妈妈了吗？"

"说了。妈妈说她警告了那个老师，老师以后就没有那样做了。"

"以后？妈妈还让你去那里补习？"我很惊讶。

"是的。交了钱的，补完了那些交了费的课程以后才没有去。"

"也就是说，那个老师没有得到应有的惩罚。"

"是的。"——往往，当坏人没有被惩罚的时候，受害者的创伤就一直都在那里。

"奇葩妈妈。"我心里狠狠地嘀咕着，好在那个老师后来没有再犯，否则……我不敢再去设想……

"在我初三毕业那年，我妈妈又给我报名补习，那天，我一看那个老师怎么这么眼熟？——原来还是那个老师！我就赶紧跑了。"钰儿无奈地苦笑。

"坏人如果没有被惩罚，有可能再给别人造成伤害的哦。"

"是啊……"她还是那样面无表情地玩着沙子，把沙子抓在手心，又不断地举起来让它往下流。

"你觉得这两次的事件给你带来的最大的影响是什么呢？"

"从小学以后，我就一直不喜欢和老师讲话，我也不想找男朋友，尽管我有喜欢的男孩子。从小学就有。"

"你怕什么？"

"我怕'那些事'，觉得很恶心！"她一边和我说话，一边把那个没有头的男人埋在了沙盘的左下角。

"从小我们接受的教育就是'性是肮脏的'，是吗？"

"是的。"

"知道为什么吗？"

她疑惑地看着我，于是我分析道："'性是肮脏的'只是对于女性的约束。从古到今，没有哪个朝代的男人会认为性是肮脏的——在对性爱对象的占有方面，男人对女人的忠诚要求更高，因为在性爱的行为过程中，男人是处于'付出'的一方。在男人发生性爱以及养家糊口方面，男人付出更多，所以，他一定要保障他养的女人是他的，他养的孩子是他的，所以，在'父系'文化里，男人主宰的伦理道德法规更倾向于把性的过错方投放到女人这里，由此我们看到，在这样的文化潜规则中，即使现在女人遭到了侵犯，也容易自我接受那些潜规则的影响而产生自责、内疚感。""比如女孩子被性侵，完全是侵犯者的过错，因为小女孩还小，所有的性器官还没有发育好，过早地破坏了它的完整性，可能会给长大后的女孩造成不可估量的痛苦。过早地诱发女孩性的感觉，可能会扰乱她们努力学习这个世界的新知识的步伐，不能专心地学习知识和本领，也就影响了她们获得更好生活的能力。所以，从这些方面讲：那些做坏事的男人，真的应该受到惩罚！但是，很多被侵犯的女孩，常常会不自觉地觉得自己被侵犯是一件很羞耻的事"。

"我不喜欢做女孩，还因为我想做男孩保护女孩！另外我的家庭也是重男轻女的。"

"女孩或者说女人，一定是弱者吗？"

"不一定，"她想了想说，"但是在被性侵时是弱者。"

"所以你想做男孩保护女孩？"

"是的。"

"可就像我们第一次见面时我说的，你的出场就是个女孩啊！没有那么大力气的女孩啊。"

看她没有反应，我问："保护女孩，谁应该来承担责任？"

"爸爸妈妈！长大了是她的男朋友、丈夫！"她思索着。

"是的。在你小时候父母没有做好这方面的保护，这是爸爸妈妈的失职！读书后发生这样的事情，是我们教育系统的责任！没有保护好我们的女孩子，是我们社会的责任！——我们只是女孩儿，是没有那么大力气的女孩儿！"……

在我们谈话的时候，钰儿无意识地在沙盘上画出了一个"十"字，那个长发、长裙的女人，站在"十"字旁……

心理学知识

在 2007 年出版的由美国心理学家主编的《女性心理学》中，加利福尼亚大学长滩分校主要从事女性心理学研究的教授帕特里夏·D. 罗泽（Patricia D. Rozee）明确指出：强暴是一种性别犯罪，绝大多数的强暴是由男性实施的对于女性的犯罪。有研究显示：84% 的强暴犯罪的攻击者是被害者熟悉的人。而在心理治疗的过程中，我发现：那些早年受到性侵害的孩子，当时并没有过激的心理反应，因为她们还处在懵懂的年纪，但是，她们隐约知道在自己的生命里发生了什么事情。那个祸害事件就像一粒有毒的种子，在女孩儿受伤的那一刻，就被埋在了她们心灵的最深处，并在那里慢慢地生根发芽成长，最终有一天，当它成长为黏连在女孩生命中的一棵毒树的时候，女孩的内心里，会发出无声的、痛苦的哀嚎——那个哀嚎一直都在，更多的女孩儿不敢去面对它，触碰它。

有一位治疗师说："我已经意识到恐惧是最后遗存下来的使女性成为奴隶的东西"（Leland –Young & Nelson, 1987, P.203）。女性可能会恐惧很多事情——衰老、无法让自己苗条——但很多理论家都指出所有女性对强暴的恐惧都是一致的（Koss et al., 1994, P.157）。大多数女性，在社会文化之下，都把强暴者看作是自然环境中的一部分，结局是这种恐惧会导致女性回避能够由自己决定的一些活动，而这些活动能让她们从中获得最多的乐趣，比如：拜访朋友、夜间外出等。

乔伊斯·威廉姆斯（Joyce Williams, 1984）提出：公众对强暴的态度是一种让女性再次受害的来源；她认为社会中责备受害者的普遍氛围加重了强暴受害者的灾难。比如：女性不该让自己处于危险境地等。帕特里夏·D. 罗泽指出：世界范围内关于女性对于强暴的恐惧的研究都表明，女性害怕被强暴是因为她们觉察到她们有可能是强暴和其他形式的男性性暴力的主要受害者，女性经历的社会化使得她们已经意识到她们在面对强暴时的脆弱无力，而社会和组织机构系统（如媒体等）通过怪罪受害者而增加了女性对于强暴的恐惧。女性变得不信任他人，特别是不信任男性。事实上，一些研究者称害怕强暴本质上就是害怕男性（Stanko, 1993）。

今天，当我获得以上的信息的时候，我明确地感受到了内心的"受伤害"。从华漓到钰儿，到我接触到更多的受到性侵害的女孩儿，她们都没有逃脱这种全世界女性对于强暴的恐惧。如果单有恐惧尚属幸运，一旦她们在最弱小的时候就遭到最"强大"（体力的和心理的）的男性的强暴，她们内在的对于男人的信任、对于这个世界的信任和人生的托付将会遭受到巨大的冲击！——从这个意义上来讲，心理医生所能做的却是十分的有限……

6. 拯救你的，只有你自己

这次钰儿还是一个人来的，我从她的脸上还是看不到一丝的笑容。坐下之后，她首先告诉我："我在路上看到了'死人'！一个在汽车站附近不知道什么原因已经死了的男性，被布盖着。"

"看到死人你的感觉是什么？"我知道她在见我之前因为自杀被抢救过，但不知到底有过多少次自杀的念头。

"害怕。"她脱口而出。之后，她低头玩弄着沙子说："我对自己的死亡不害怕，但是，害怕看见死人。"

"死亡意味着什么？"我问她。

"睡觉。"她说。

"永远地睡着了，睡不醒了，"看着她我顿了顿说，"想和我谈谈死亡吗？"

"不想，"她还是低着头，"你说什么都可以，我听着，我不想说话。"

我茫然……突然想起之前的作业——她的曼陀罗画，于是我征求她的意见后，和她一起看她的曼陀罗画（我转移了她的阻抗）。

图3-17中左下角钰儿画出的父母关系部分，她解释说：爸爸是魔鬼，妈妈是一块紫色的木头。因为妈妈爱紫色，所以就用这个颜色代表她。把妈妈画成木头，是因为她就像木头一样的顽固。

"现在你还认为爸爸是魔鬼吗？"我笑着问她。

"那是以前（治疗前）的感觉，现在不是了。"她很快回答。

我记得她之前说过她以前对爸爸的印象，只是妈妈和外婆口中的爸爸。

"虽然你画的爸爸像个魔鬼，但是，我怎么感觉到这个魔鬼的颜色和木头妈妈的紫色那么的和谐呢？——也许，爸爸和妈妈结合，就是一个十分默契的组合，你说呢？"

"也许吧！"她不是很肯定。

"怎么解释？"我的好奇心又出来了。

"虽然爸爸在婚后有对不起妈妈的地方，为此她可以不尽妻子的责任，可她不能不尽母亲的责任啊！把孩子留给家婆带，自己却去打麻将，因为赌博而欠了那么多的债，她根本不知道自己做错了什么？也不知道自己的丈夫

心理曼陀罗（一）

1. 请在大圆内绘出你内心相应的意像或者故事。

2. 体会你的作品并描述你的心情。

绘画后的心情：__无感__

左下：请画出你印象中的父母关系；　　　　左上：请画出你意向中的你的亲密关系；
右上：请画出您自己的亲子关系；　　　　　右下：请画出您的自我追求；
中间：请画出您的自我意像。

您的姓名：　　　性别：女　年龄：19

图 3-17　钰儿的家庭曼陀罗画

到底需要什么？活得就像一块木头一样！"

"对于一块不开窍的木头，她的男人很难改变她，是吗？"我问。

"是的，为了教训她、改变她，只能用一种办法了——打！"她笑了，带着一点嘲讽似的。

"所以，孩子们之前真可能委屈了爸爸，是吧？"我追问。

"嗯。"直到这个时候，钰儿才好似有些释怀。

"你的亲密关系呢？"我指着左上角的那四个没有头的男男女女。

"有男有女。"她简短回答。

"我看到这些人好像没有头？"

"我知道我的亲密关系就在那里，但是不想看它，或者强迫自己不去看它。"

"是什么样的感觉呢？"

"复杂，说不出，暂时不谈。"

右上角的亲子关系部分里，她告诉我旁边黑色的部分代表爸爸，黑色有神秘、丑、黑暗、恐惧的感觉；高的白色的人是妈妈，她怀里搂着三个白色的人是三个孩子。

"现在你还认为爸爸还是那么黑暗吗？"

"不会，"她回答我，又看着我问，"那我不能和老师讲话，不能顺利和男同学打交道，都是和我与爸爸的关系有关吗？"

"你见到他们想讲话却不敢讲，想交往却不敢交往的感觉是什么呢？"

"害怕。不知道为什么！"她低着头玩着沙子。

"见到爸爸的感觉是什么呢？"

"哦？——"她吃惊地望了我一眼，没有说话。

"答案就在你的感觉里。"我笑着看着她。

"嗯……"她沉思。

"妈妈和你们的关系显示，你们三个还在妈妈的怀抱里，是表示什么呢？"

"可能妈妈并不认为我们长大了。"她有点生气和无奈。

"也没有意识到你们也有了自己的思想和目标了。"我接着她的话说。

"是的。"她很肯定。

右下角的自我追求部分，钰儿说一半是黑暗，是她目前的状态，一半是美丽的彩虹。"所有的黑暗将会过去，风雨之后是彩虹。"她说。

"中间的自我意向部分呢？"

"我看过撒旦的故事，撒旦就是为了'追求他的父亲'才从天堂坠落到人间的。每个人都有自己追求的美好事物，但是，总是被周围的事或者人打搅。她两边的两只手，一上一下，代表着黑和白，代表着这人世的是是非非，它们会让一个人扭曲、变形。她后面的十字架，倒放的十字架，是撒旦教的代表。"

"你接受自己的被变形吗？"

"不接受。"

"所以，你会杀死自己？"

"是的，经常有这样的想法。"

"既然你认定是周围环境让她变形的，你还要杀死自己，那你不就是和那些是非同谋了？"我这样说后，她愕然一下，又面无表情地看着我。

之后，我们一起看她的情绪曼陀罗（见图 3–18）。

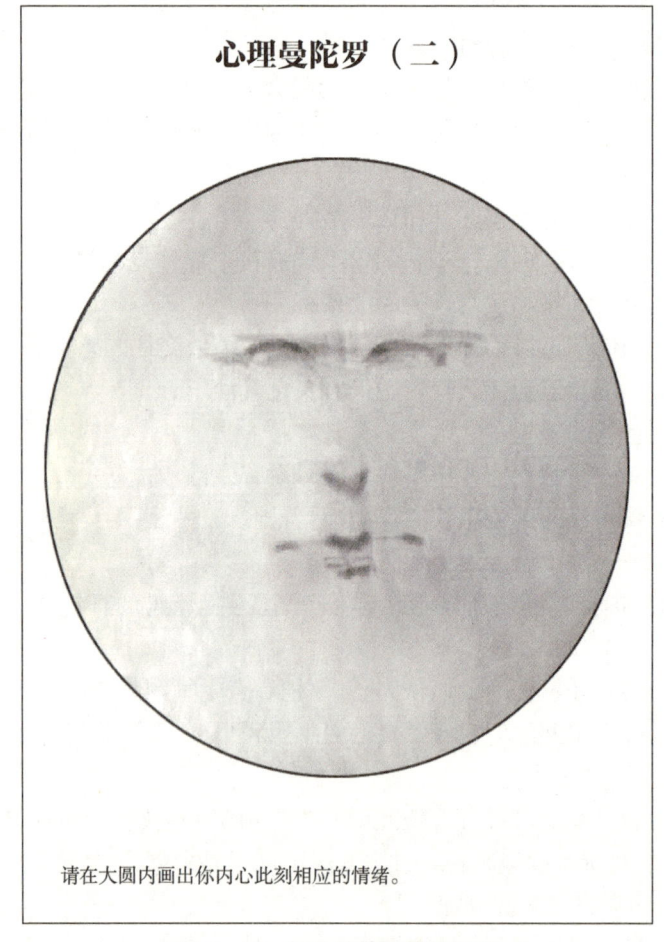

心理曼陀罗（二）

请在大圆内画出你内心此刻相应的情绪。

图 3–18　钰儿的情绪曼陀罗画

在这幅图里，她画出一个人的五官一起组成了一个人的大大的脸。她告诉我她并没有拿她表示什么，我告诉她我的感觉是：她只活在了她的脑袋里，活在了她的思维里、情绪里，而不是活在了她的身体、四肢里，去爱惜自己，去拿自己的双手做事，去用自己的双脚走向世界，她表示认可，说她觉得自己要做出一些改变了，要开始做自己喜欢做的事情了，比如跳舞、唱歌、看书、画画等。

7. 咱们两个有代沟

在这次钰儿来之前，钰儿的妈妈来过 2 次，诉说自己欠债的苦恼和对钰儿爸爸的怨恨，她的情绪得到了安抚，当然她的到来是经过钰儿的许可的，我自以为做家庭治疗的自己可以以此做好来访者后面家庭问题的调整，但事实证明我错了。我应该把钰儿妈妈转介到其他咨询师去共情和帮助。当共情钰儿妈妈的情况，无疑我会压抑钰儿因父母的问题带给她的伤害的情绪宣泄。

对于一个治疗师来说，能看着自己的来访者有进步，那种安慰会让心灵感受到莫大的满足，我挺安心这种满足，像醉酒一样地不断地渴望着、成瘾着。但是，治疗师就没有失落的时候吗？答案是：有的，而且很多！我没有正确估计到钰儿问题背后她家庭的复杂性，一心想先搞平引起钰儿问题的家庭原因，结果，我期望的父母和好失败了，从和钰儿最后一次的交谈中，我也感受到钰儿内心也是期望父母和好的，我让钰儿失望了。在一个晴朗的早上，当钰儿不守约提前来到治疗室，同时我看到的又是那个一脸不开心的钰儿的时候，我可能也不自觉地流露出了"不开心"，于是，我得到了当头一棒——钰儿一坐下来就跟我说："我和你有代沟。"

我想没有比来访者的这句话更能打击治疗师的"自恋"吧？（今天看来，这也是钰儿该表达她的不满的时候了。）

当时我觉得，我为了钰儿的成长，已经做了很大的努力了，而且，事情好像是按着我希望的方向在前进着（注意：是我希望！这是治疗中的大忌）——当此刻回忆、反省之时，就像那天和钰儿探讨时我所说——我感受到了自己的"掌控欲"，我希望这一家人按照我的意愿前进。我开始反省家庭治疗的方向？——也许，这是要由每个家庭自己来决定的，而不是治疗师认为的方向。

　　面对着钰儿一如既往的"面无表情"（后来才发觉，我其实内心早已经感受到了她的冷），我问她是否不开心，她说："就是那样。"我问她："今天想和我分享点什么？"她说："没有。"我说："要不，今天做个沙盘游戏吧？""不想。"——我让自己静下来，静静地看了她那么几秒，脑子里出现上次她来之后的情景：不说话，让我说她听。当时我还以为她真的是被路上的意外吓着了，现在看来不是，我感觉真的是有点问题了。我合上手里的笔记本，说："心理治疗是我们两个的事情，只有来访者把自己的问题，自己的疑惑，自己的所思、所想和治疗师交流的时候，治疗师和来访者才能一起在交流中帮助到她，我们之间是否有什么问题了呢？"

　　"我觉得我们有代沟。"这就是上面让我十分吃惊的回答。

　　瞬间尴尬之后，我说出我的疑惑："我们的代沟在哪里？你什么时候开始觉得我们有代沟？"

　　"刚一开始的时候。那天你看了我的沙盘，说我想做男孩子。"

　　我想起她也曾亲口说过自己想成为男孩，但我没有说出来。

　　"其实，我们每个人身上都有男性和女性的成分。男性的成分比如力量、理性等，女性的成分比如柔和、感性等。你在沙盘里呈现的，多是看重自己内在的理性部分，以及渴望的男性的力量（她之前已提到了自己想成为男孩子），是吗？"

　　"是的。但我并不想变成男孩子。当我想穿裙子的时候我就穿裙子（我想起了那次她打扮得那么美），我想随意的时候就随意。"

　　"哦！我衷心地向你道歉。"我是真诚的，"不过，那天你说想成为男孩，在我的内心里我只是拿它作为点醒你父母的工具了，而忘记了你的感受，希望你谅解。""我也希望在我们相处的过程中，你如果对我有意见，或者有什么不清楚的地方，你能及时反馈给我，我们才能用同样的步伐走路，是吗？"

　　"嗯——"终于看到她有点释然。

　　之后，我们交流了她母亲的情况，以及我对她父亲的感觉。她问我，"你每次治疗都针对我的妈妈，为什么你不和我爸爸交谈？"

　　我笑了，说："我的感觉是你的妈妈很聪明。你的爸爸开始的时候已经明白地告诉我们他还爱着你的妈妈，我感觉你的妈妈也还爱着你的爸爸，你的父母如果还是相爱的，他们就需要一方去调和他们之间的矛盾。而我感觉你的父母都在僵固地坚持着一些我们并没有完全了解的东西，它可能会直接影响到你们兄妹，对吧？"

　　她点点头。

"我希望他们和好,不知道我的想法是否对?"

她点点头。

"而上次你的妈妈也说了,你的爸爸想做什么,她一看就知道。我也是个女人,我也有同感,你的爸爸是个比较简单的人,就像个不成熟的大男孩,是吗?"

"是的。"她也不屑地笑笑。

"那就简单了,我试着再约见你的爸爸,目前他已经推托了好几次了。"

"为什么?"

"他说他在忙。"(其实我们应该都明白钰儿父亲的阻抗。)

钰儿在和我交流的时候,已经做起了沙盘游戏,图3-19、图3-20、图3-21是她的沙盘图。

图3-19 钰儿方向

图3-20 侧面

图 3-21　治疗师方向

　　钰儿分享说她面前的两个人都是她自己，对面的那些士兵，代表着这个世界的流言蜚语。她说："你知道我为什么喜欢他们吗？他们两个都是动画片里的人物。无论发生什么事情，他们两个都永远在一起，彼此都不会放弃对方。""那么，两个人都是你，你的意思是否说，无论发生什么事情，你也不会放弃你自己？""是的。"她回答。

　　于是，我问了之前她服药自杀的事情。她说，那时她是吃了所有的精神科药物自杀的，但吃了之后她又自己主动告诉父母。我明显地感到自己松了一口气，说："我现在明白了，也放心了，以后无论发生什么事情，你的内心都会有节制的，尽管有时候是冒险，但是，你会拯救你自己的，是吗？""嗯。"于是，我没心没肺地跟她又开起了玩笑："所以，即使你之前感觉到和党医生有代沟，但是，感觉也可能对你有好处，所以，你就来了？"她笑了笑。我接着说："这就是社会，很复杂的社会，我们每个人都会经历、遭受一些流言蜚语。既然这世界有一个词叫作流言蜚语，那这流言蜚语就是人世的一部分，是吧？"看她点点头，我继续说："如果我们特别在意那些流言蜚语，那么，它们就是对我们有作用的，如果它无论怎样锋利我们也不在意它，那它还会有任何的威力吗？"

　　"嗯"，她一边用手摸索着沙子，一边看着那些士兵沉思着……

　　其实，正确的处理是：我先让她感受流言蜚语带给她的感受，之后，让她反省以后该怎么面对或者处理这些流言蜚语。所以，心理治疗并不是一件容易的事，心理医生永远都在成长的路上。

在这次治疗之前，钰儿妈妈单独来找过我几次，钰儿爸爸也应邀来过一次。钰儿妈妈已经在努力地工作赚钱还债，钰儿爸爸已经表示和钰儿妈妈不可能重修于好。其间钰儿妈妈开始了她新的恋情，我所期望的这一对夫妻的和好最终失败——我知道，任何一个家庭的破裂对于家庭里的孩子来说，都是一种伤害，治疗师能做的，只能是让孩子们明白，他们的父母离异，只是因为他们自己的原因而已，与孩子们无关。同时，离异的家庭只是孩子们的原生家庭，他们最终会离开这个家庭，组建属于自己的家庭，如果不想自己未来的孩子受到创伤，他们就要在未来的岁月里，学习如何能经营好自己的家庭。

只可惜，在相处了30次左右之后，我们的关系还是中断了。我没有找心理专家督导（直到本书书稿结束后遇到王德贤教授），就直接把钰儿转介到另一位心理医生那里去了，个中还有一些其他的原因，我就不在这里描述。

和钰儿相处，她反复地讲述自己有自杀的念头，我承认自己也真的把持不住自己反复的失落感了。在重新整理这个个案的过程中，我发现了在整个的治疗过程中，自己有很多失误的地方。反省之后，今天我容许自己是一个不完美的治疗师，容许自己要不断地总结经验和教训。当然，这些对于心理治疗专业之外的人士并不重要，重要的是，希望你们从中理解成千上万的钰儿，以及钰儿的父母，理解陪伴一个人成长的心理治疗过程并不是一个简单的倾听、陪伴的过程。经过一段时间的挣扎之后，经得钰儿现在的心理医生同意，在本故事结束之际，我最后一次约见了钰儿。

8. 真相

"其实，一开始你的方向就是错的。"已经开始实习的钰儿在讲述过程中有点激动，"你应该是带着我走出来，而不是去管我的父母。""所有的现象都是假的，爸爸妈妈就没有真的想离婚，他们只是为了各自更好地贷款，妈妈贷了很多款，爸爸的更多，但是，他们都不给你说实话！""说的是假离婚，但是，最后爸爸还是把现在的阿姨带回家住，我们兄妹想妈妈回来聚聚，阿姨和妈妈又闹矛盾。我们兄妹现在都不想再回那个家了。"

我承认我很震惊，夹杂着一种被骗的感觉……

"也许，当初大家都开诚布公地面对，我们的治疗方向确实会不同。我承认我低估了你们家庭里的问题。当初，或者我专注于你们家庭的问题，把你介绍到其他的心理医生那里可能是最好的选择；或者，做出相反的决定，就只陪伴你，把你们的家庭问题介绍给别的心理医生去帮助解决。""不过，我奇怪的是，为何你明白这其中的问题，你却也一直保持沉默？"

"因为一开始你就把我当成了病人，我不是病人！我没病！"

"所以呢？"

"很多时候，我就只是个旁观者。"

"如果是这样，我觉得你可能浪费了自己的时间或者是生命，同时也浪费了我的时间和生命……"

我承认这一刻我很失落或者有隐隐的愤怒。我失落的是如果我当初没有和那位精神科医生一样动了恻隐之心减少了钰儿的治疗费用，也许，钰儿就不会像个旁观者和我相处，毕竟那样的代价太大了，我也就不会在这个案例中那样地"主动"和"受伤"——在和钰儿的相处过程中，我总是不能像和其他的来访者一样只是做好陪伴，而总是要"使劲地"动脑筋。

钰儿的个案，也提示了在精神科医院工作的心理医生面临的一个很大的问题：经常有孩子被家长带来做心理治疗，孩子明明是有情绪、行为的问题了，但是他们没有改变的欲望。孩子们也明白，问题出在家长或者他们身处的周围环境上面，但是他们无能为力。心理医生和他们相处，不但要经常考虑他们的精神障碍程度，同时，还不能把他们当成精神病患者，各种评估在治疗中会不断地滋扰心理医生对来访者的工作。

那天，我告诉钰儿没有绝对的"精神病"。所有的精神病都是精神科医生对于患者的一些症状进行的"打包"：符合分裂症的、抑郁症的、焦虑症的等，都把他们各自归类到不同的"包"里，以利于用药，同时利于问题严重程度的评估。

钰儿开始有点释然……

直到这次会面将要结束了，钰儿都坚持认为她的那个家庭没有办法改变，我不应该去干涉她的家庭。我忽然有所感觉，问钰儿："你这样的家庭，从积极的意义来讲，你觉得对你有啥好处呢？包括你过往的一些经历？"

"如果没有那些东西，也许就没有今天的我吧。"

我瞬间凌乱——同时又感慨万千。钰儿现在已经是一家上市公司的助理设计师，她的师傅对她的评价很高，当然，钰儿工作也很"拼命"：她画出一张合格的图纸往往要经过很多次的修改，一张图纸的报酬是 10 元，在过去的一个月里，钰儿每天平均睡眠时间是 4 小时……

在我们这次坦诚相对地交谈之后，钰儿离开时，我终于看到她露出的笑容。钰儿接纳了她的家庭，就像有一些孩子在做了一段时间的心理治疗之后告诉我的："我觉得你们大人都很奇怪，为什么你们一定要改变我呢？我就喜欢现在的自己，为什么我一定要按照你们认为是好的道路走呢？"——是的，黑暗能给人以恐惧及风险，有时候更能给予力量和勇气。

感谢钰儿给我上了一课！——心理治疗最根本的技术还是"跟"，做好这个"跟"，并不是一件很简单的事情。只有当治疗师真正相信你的来访者有其内在的力量的时候，才能静下心来陪伴他，跟随着他成长。心理医生是这样，教师也是这样，家长更应该是这样。但愿我们都能学会相信每一个心灵都能开花结果，那它定能开花结果。

> 王德贤教授点评说：在这个个案里，治疗师的问题主要是界限问题。在治疗关系中，治疗师必须时刻意识到自己的位置，严防越界，同时用自己的慧眼看到来访者看不到的东西，做一个能动的陪伴者。
>
> 心理治疗中没有绝对的失败或者成功。只要心理治疗师以开放的态度、善良的心真诚地陪伴着来访者的时候，都会在来访者的内心里种下一颗可以绽放他生命的种子。这颗种子也许很快，也许要经历过一段时间才会发芽，我们所要做的，就只是将期待和祝福送给来访者，希望他们能好好珍爱这颗种子，并孕育它去发芽成长。

第三个故事　自卑的女孩

这是个看起来瘦瘦弱弱的 17 岁姑娘，我们叫她琳琳，她在广州某中等职业技术学校读书是和妈妈一起来医院的。她说她的情绪低落已经有一段时间，最近才有动力从床上爬起来想找心理医生看看。她不想吃药，觉得自己的问题是"个性"问题，吃药是改变不了的，她知道要改变自己的"个性"只能靠心理治疗来解决。看来她已经了解了一些心理学的知识，我就爽快地答应了她，在下班之后给她加了一个小时的时间治疗。令我意外的是，她的妈妈知道心理治疗的费用之后一定要她的女儿先走出治疗室等候，她说要和我单独谈谈。现在看来，琳琳也应该知道妈妈要和我谈论什么，所以她才乖乖地走了出去。留在治疗室的妈妈告诉我她是个单亲母亲，经济有困难，希望我能减少心理治疗的费用。我说，这样的话，我可以把她的女儿转介给医院收费低的心理治疗师（心理治疗的费用因医师资格不同而异）。她说她的女儿选择了找我治疗，她想遵从女儿的意见。看着她的气质和打扮，我并不认为这是一个我需要减少治疗费用的对象，况且这是下班后的加班，我就没有答应她的要求。她看起来有些失望，但是，最后还是答应交一次的治疗费用。治疗师和来访者还存在着是否有"医缘"的情况，我们说定等我们相处一次之后再看看琳琳是否愿意继续跟着我做治疗，她勉强答应了（尽管如此，到了治疗结束之后她才去交费）。

现在回想起来，可能是因为琳琳妈妈在治疗开始前就和我"纠缠"治疗费的问题，所以我那天可能对琳琳妈妈产生了我都没有觉察到的一丝儿抗拒。因此，那天我改变了以往在孩子们治疗前首先要和父母交流的习惯，邀请琳琳单独进入治疗室，妈妈在外等候。

"知道你的妈妈和我谈论了什么吗？"我问她。之所以问她这个问题，是因为在为孩子们做心理治疗时，一般情况下，家长和治疗师谈话时不能避开孩子，否则会影响孩子们对治疗师的信任。

"知道。应该是治疗费的问题。我妈妈就是这样，总是说自己没钱。其实我奶奶也是这样，几十年了，总是说'我们家没有钱，我们快饿死了'，这好像是我们家的习惯吧。"琳琳的老家是在 W 省的一个山区里。琳琳出生前后，爸爸一直在外地打工，妈妈在生了琳琳之后就在家做家庭主妇，在琳琳 4 岁的时候，他们一家人来广州做服装生意。5 年前，琳琳爸爸投资做酒店生意，结果亏了几十万元，夫妻两人因此大吵一次之后就离婚了。离婚后琳琳爸爸回到了老家，妈妈继续待在广州开了一家小的服装店维持生活。

"爸爸妈妈早该离婚了。"说起她家的历史，琳琳生气地说。

"为什么？"我问。

"他们十几年来一直就吵吵闹闹，我早已经烦了。"琳琳拿出在等诊的时候画出来的曼陀罗画（见图 3-22），我们很快进入了正题。看着自己画的曼陀罗画左下角的父母关系部分，琳琳说："我的爸爸是个残疾人，从小就一侧身体活动不方便，他可能因此而自卑，一直很敏感，日常总是说什么什么人对他不好。但是爸爸确实长得很帅，而且聪明好学、知识面很广。他是个大学生，毕业后因为嫌弃别人把他当残疾人歧视，他就不在事业单位工作，自己做生意。后来，爸爸认识我们当地十分漂亮的我妈妈就很快结婚了。妈妈一直生活在山里头，没有见过山外的大世面，和爸爸结婚后他们两个经常因为看法不同而吵架。爸爸常年在外工作，很少回家，回家后就和妈妈吵吵闹闹，甚至动棍动刀。我、爸爸、妈妈，我们三个人就好像这三个互不相通的房子，各自生活在各自的世界里。"

"爸爸妈妈一直都是这样的状态，你觉得对你最大的影响是什么？"我问。

心理曼陀罗（一）

1. 请在大圆内绘出你内心相应的意像或者故事。

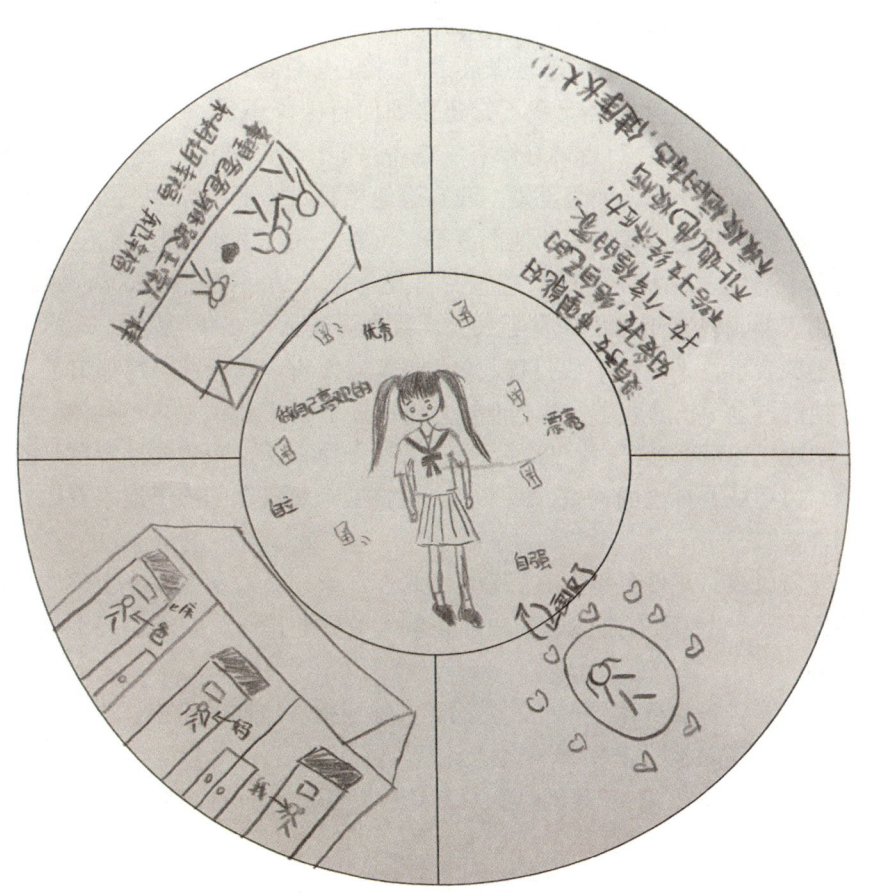

左下：请画出你印象中的父母关系；　　　右上：请画出您自己的亲子关系；

左上：请画出你意向中的你的亲密关系；　右下：请画出您的自我追求；

中间：请画出您的自我意像。

2. 体会你的作品并描述你的心情。

作品的名字：＿＿＿＿　绘画后的心情：＿＿＿＿　您的姓名：＿＿＿＿　电话：＿＿＿＿

图 3-22　琳琳的曼陀罗画

"很自卑。从小看着别人家的父母和和睦睦，而我们家总是吵闹，我觉得很丢人。加上我奶奶天天在那里说没钱没饭吃的话，我更自卑。长大之后才慢慢发现，我们家一直有饭吃，也不是一直没有钱，但是，我的自卑已经成了习惯。因为自卑，敏感也成了习惯。最近我情绪低落，走到哪里都觉得别人看不起我，和我作对，这样想的时候心情更糟糕。"

"就像爸爸一样，成了恶性循环了。"我心生怜惜。

"是的，是恶性循环。我不知道该如何打破。不过，有件事我处理好了，心情也好了一点。"琳琳好像有一点高兴了，继续叙说，"这么多年来我爸爸经常'纠缠'我，他想复婚。我知道他想我妈妈了，所以，总是问我妈妈的情况，让我说服我妈妈让他们复婚。可是，我心里才不想他们复婚呢！妈妈有了男朋友，我不能告诉爸爸，可是爸爸总是问妈妈的情况，让我很烦。几天前，我终于忍不住发了大火，我告诉我爸爸、我妈妈——'你们的事情不关我事，请以后不要打扰我'。我大喊大叫，我爸爸妈妈都怕了，之后，他们再也不折磨我了，我的心情才慢慢好了点。"

"难怪你那么瘦。"我更怜惜她，"你一个小孩子，一边要扯着自己的妈妈，一边要扯着自己的爸爸，两个大人就像两个不成熟的孩子拖累着你，你能不辛苦嘛。"

"所以我总是羡慕别人有恩爱的父母！"琳琳看着曼陀罗左上角的亲密关系图，说："我想有个健康的、和正常人一样的爸爸，希望妈妈幸福，我也幸福。"

"可是爸爸的身体是不能改变的了，你还抱着这样的希望，这不是'妄想'吗？"我问她（非精神科之"妄想"）。

她愣了一下，说："是的，我总是这样妄想，和爸爸一样吧，也和奶奶一样。"

"本来可以吃饱硬说成不能吃饱，可能本来没有人对自己不利但是就是感觉有人对自己不利——你、奶奶、爸爸好像并不希望自己能快乐和安全？"

"嗯，好像是的。这是什么问题？——自残？"琳琳很震惊。

"自虐？"我觉得这个词更贴切。

"对，自虐。"琳琳恍然大悟，"爸爸妈妈经常吵架，也许也是自虐，他们本可以和平相处的，但是总是以这种方式让一家人不开心。"

"这种自虐，也以虐待自己最爱的人来虐待自己。"

"是啊！是啊！"琳琳眼里有了泪水，她看着她的曼陀罗右上角的亲子关系部分，那里有她写的话，"没有子女，希望能好好爱子女，给自己的子女一个幸福的家。不给子女经济压力，不让她（他）烦恼不该烦恼的东西，健康地长大。"她读了出来……

右下角的自我追求部分她错画在了中间，她希望自己漂亮、优秀、自立、自强。

中间的自我意向部分，她画在了右下角，她被"爱心"包绕着。

"所以，世界上没有绝对的坏事，是吗？——你看你根据自己的经历，知道了将来如何去教育自己的孩子，如何给自己的孩子爱和安全感！奶奶的经历、爸爸的经历、你的经历，有可能造福了你的孩子！"

"是的。"她拿出第二张她的情绪曼陀罗画（见图3-23）。

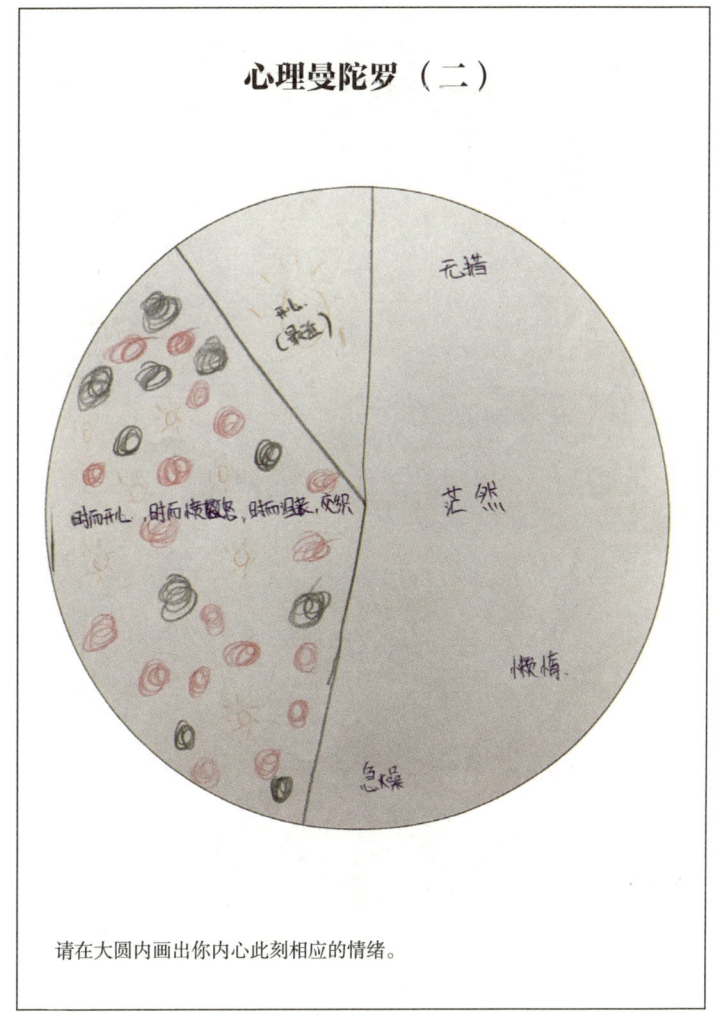

图3-23　琳琳的情绪曼陀罗画

看着左边比较花的那部分，她说："过去的我，就像过山车一样，时而开心，时而愤怒，时而沮丧，很多的情绪交织在一起，结局就像右边表示的那样无措、茫然、懒惰、急躁。最近，当我试着向父母表达我的不满的时候，我就像左上角这里的太阳一样，开心了起来，人好像轻松了很多。我知道，我就像这张图一样"，她拿出第三张图片（见图 3-24），"我知道我目前周围都是黑暗，但是，我的心中还是有阳光的。我会努力地让我的阳光一点点透过这些黑暗，照亮我自己的。"

"我们如何才能让自己的阳光透过来呢？"我问。

请在图中椭圆内画一幅画。

图 3-24 琳琳的画

她看着她的情绪曼陀罗说："我觉得我最主要的是克服自己的懒惰！当我努力地去做事之后，我成功了就不会无措也不会茫然了，开心了也就不急躁了。"

"是的，只有做事才有成功的机会。知道自信心是从哪里来的吗？"

"做事？"我摇头，她想了想，肯定地说："成功。"

"对的。"我握着自己的拳头说，"不断地成功，我们内在的自信心才会不断地增强。当我们的自信心不断地增强的时候，自卑还会存在吗？——对了，它只会慢慢地消散了！"

这是我近期的一次个案治疗，是琳琳的第一次治疗。治疗结束后，琳琳对妈妈说她还要继续来做心理治疗，希望能得到妈妈的支持。看到女儿治疗前后的截然不同的状态，现在女儿脸上焕发着快乐的光彩，妈妈说她会支持她继续来做治疗的。

这个个案刚好能衔接上钰儿的治疗：①钰儿或者更多"钰儿"，希望你们能看到自身的能量。这个世界有很多残酷的、或者说是令我们不快乐的事情，但是，自我生命的光明和灿烂最终是需要每个人自己去努力争取的。②心理治疗师也是在失败中不断成长起来的。所有能走进心理治疗领域的心理医生，都是带着一颗帮助他人的善良之心行走在这个有着很多苦难的星球上的。他们自带光辉、满满的爱心和能量，接纳并珍惜着他们遇到的每一段缘分……

第四部分

走进心理治疗室的大学生

第一个故事　在家自闭的大三男生

公路旁有一棵稚嫩的小草
竭力地往上长　渴望像树一样
让过路的人看见　给路过的人乘凉
最终　它不得不接受现实　它只是一棵小草

小草问妈妈　为何不给我一颗成为大树的种子
妈妈低下了它曾傲娇的头　寻求泥土的庇护
小草无奈地仰望着大树　仰望着苍穹和白云
最后下定决心　那就长成一棵踩不死的小草

过路的人看不见　有一棵小草在努力地向他招手
过路的人　看到的是绿色的一片 很多的小草
他们有些人会欣赏那些绿色的生命
有些人会说　怎么这么多这么多　杂草

只有小草知道它自己　想活着
不但要活好小草　如果有可能
说不定哪天　它能活成大树的样子
想成为大树的样子的小草　活得孤独而满足

1. 初次会面

　　穗林 25 岁，正在读大学三年级。他是和父母一起来到心理治疗室的。进入治疗室之后，他一句话也不说，和父母保持着距离，眼神好像很敌视父母的样子。看得出穗林的爸爸是个木讷的男人，当我问及为什么要来这里咨询的时候，对治疗比较积极的妈妈说，他们带着穗林来是希望医生能给他做心理治疗，因为他们夫妻觉得穗林好像有心理问题，表现为十分的内向，放假回家也不和家里人说话，每天都把自己关在自己的房间里，对父母不闻不问，即使家里来了亲戚他也不会出房门。昨天她进到儿子的房间，儿子发脾气说他很烦，想自杀，今天他们夫妻一定要孩子一起来见心理医生。妈妈补充说，儿子的状态不好，他们夫妻也很烦恼，觉得已经承受不了这种状态了。趁母亲暂停说话，我望着那个安静的父亲问："爸爸呢？你觉得儿子怎么样？"同时我注意到，当我和穗林父母交流的时候，坐在我左旁的穗林弯下腰，朝向我这边的外侧，用双手捂着自己的两只耳朵。

　　"我儿子已经很久不和我说话了，"一开口爸爸的眼睛就有点红，想流泪的样子，"这段时间我一直在反省自己，是不是在他小的时候我陪伴他太少了？那时候我还是个小警察，经常值班、出差，执行任务。是不是在他小的时候我对他要求太严格了，曾经打过他的原因？是不是在他读小学的时候，他曾经就读的小学很好，因为我的兄弟得了重病，我为了保兄弟的性命，用了家里所有的钱，后来交不起儿子所读的贵族学校的费用，把他转学到一般的学校而心生怨恨了？大概从他读初中的时候开始，我就发现他整个人变了很多，平时不愿意和我交流了。现在他这样'自闭'，我看着十分难受，希望医生能帮帮我们。"

　　"不想听他们说话，是吗？"这时候我才把自己转向穗林。这个帅气的、不是很开心的大男孩，比较瘦但是还算结实，大概 1.73 米的个子，浓眉大眼，满脸的不开心，他只是点点头。

　　"你觉得自己有问题吗？"我看着他问。

　　"没有，我没有问题。"他有点赌气地回答。

　　"那就是父母有问题了？"我打趣地问。

　　"是的。"他不假思索地回答。

　　问他为何在家里和父母不沟通的时候，他说："我和他们没法沟通。"

　　当我了解到穗林现在已经读大三，学习还好，和同学之间的关系还好的时候，我心里有点底了：当"有问题"的孩子其他的社会功能还好，并能明确地诉说"父母有问题"的时候，基本上问题都是在父母那里了。

"如果是这样，那我觉得既然父母来了，我们就先了解下我们父母哪里做的不好才让孩子和我们有了隔离，好吗？"我对这对父母说。

"好的，好的"，穗林的父母急忙点头，妈妈说："我们也想知道自己错在哪里？我们如果有错，愿意改变。"

"那就很好！"我对着不再捂着耳朵的穗林说，"今天你就在旁边听，可以吗？"穗林点点头表示同意。

我首先了解了穗林父母的家庭背景，穗林的父亲出生在广东的一个比较贫穷的家庭，兄弟三个，他是老大。他自己的父亲是一个不爱说话的老农民，很勤劳，性格有点固执，自己认定的事情就一定要去做；母亲也是个勤劳的农民，很爱自己的孩子们，性格直来直去……

"你的性格像谁呢？"我问这个在工作中能挑起保护人民安全重任的警察，面对自己的儿子却束手无策的男人。

"像我的父亲。"

"也就是说，你也是个不善于表达情感的人，是吗？"

"是的。"他回答。

"也有点固执？"

"应该是有点的。"穗林爸爸看似不好意思，我没有深问下去。

回过头来看这个个案，我才明白自己当初在这里是多么的失误。在后来的见面中，我也发现穗林爸爸确实看问题有点固执，不只是在家庭里，在工作上也是。他的工作压力很大，但是，他不能变更，固执地以一个警察的职责要求自己——对于工作来说，他即使有很大压力也要坚持努力地适应，但是，对于他所爱的人来说，他算是不称职了。父亲工作的压力以及危险，有可能已经给儿子造成了他自己可能也没有意识到的压力，而这一点，直到现在在整理个案的时候我才意识到——父亲不能变通，孩子也卡在某个点上了。

问及穗林妈妈的家族史：穗林的妈妈有一个大哥，一个姐姐。这个看起来精明能干的女人，在当地的一家商城做经理。

"你应该是一个行动力比较强的女人，是吗？"我猜测道。

"是的。我一直都很自信。"

"和你的成长经历有关系吗？"

"可能吧。"她想了想说，"我一直是我爸爸最疼爱的女儿，只是，爸爸在我读小学的时候就突发心肌梗死去世了。""没有来得及道别？""是的"，她的眼睛里瞬间有了泪水。

我把纸巾递给她，等她安静下来，我问："你觉得父亲的离世对你之后的生活有什么影响吗？"如果一个人的重要他人因突发事件离世，没有和当事人道别，都会给当事人留下难以愈合的创伤。

"总感觉到人的生死无常。"她说了一句。

"你对离别的感觉是什么？"

"害怕。"她的声音有点震颤。

"你害怕和儿子分开吗？"

"害怕。"

（那天，我也忽略了她内在的另一个害怕……）

"你和孩子比较亲密？"

"是。"

"爸爸和孩子呢？"

"他很固执，以前对孩子的要求一直很严格，所以，孩子不是很喜欢他。"

"这样说来，其实你们两个对于孩子的教养方式应该是不一致的，是吗？虽然你们的爱是一样的。"

"爸爸妈妈与孩子的相处模式本来就是不一样的啊！"穗林妈妈疑惑地说。

"爸爸妈妈作为男人和女人处理问题和看待问题的观点可能是不一样的，但是，当父母针对孩子的某些问题都从完全不同的要求出发去解决的时候，孩子的选择会怎么样呢？"

"矛盾？"穗林妈妈说。

"趋利？"穗林爸爸问。

"是的，孩子不但会很矛盾，分不清哪个是正确选择，而且最后的选择常常是趋利的，但这种趋利并不一定真的对孩子有利，是吗？妈妈的怀柔政策，不就把孩子拉向自己，远离爸爸吗？结局不就是妈妈联合孩子削弱了爸爸在孩子眼里的威严吗？"

穗林妈妈愕然地看着我。

穗林爸爸有点委屈地说："孩子小的时候我管教得少，大点想管孩子的时候，感觉她在儿子面前总是和我的意见不一致，后来，怕她不高兴，我干脆不管孩子了，由她管。"

"现在孩子内向，像你们两个谁？"

"爸爸。"穗林妈妈不假思索地说，而且带有一丝儿不满。

"如果一个孩子的性格像他的父母的一方的时候，我们是否可以这样推断：这个孩子因为某些原因而趋向于那个人呢？——比如，父母的一方比较弱，孩子希望父母的力量平衡，而无形中像了那个弱一点的父亲或者母亲呢？"这句话当然也是说给穗林听的，我继续，"如果像爸爸的孩子不爱他的爸爸，是否这个孩子内心里也可能不接纳自己呢？"

我眼睛的余光看到穗林正直愣愣地看着我。

我继续："如果一个妈妈内心里排斥自己的丈夫，是否她的能量有可能会趋向于她的孩子呢？"我看着穗林妈妈和穗林。

一阵沉默……

想起最近我做的一个小实验：假如你的爱有 100 分，你该怎么分配？——乍看这是个不可理喻的问题，把一个感知觉量化了，而且没有固定命题范围，但是，结果真的出乎我的意料。现在，我们就看看我紧接着在这一家人那里的测试吧！

穗林妈妈爱的 100 分分配见表 4-1。

表 4-1　穗林妈妈爱的 100 分分配表

分配对象	儿子	自己	丈夫
分值 / 分	60	20	20

我问穗林是否满意，他说："不满意！我已经长大了，我不需要那么多。"

"那你需要多少分呢？"我问。

"我只要 10 分。"

穗林妈妈瞬间眼泪又在眼眶里转，委屈地说："我从来没有想过，我的儿子不要我的爱。"

"不是不要，不要那么多！"穗林争辩道。

我附和着："是啊！人家已经长大了，不需要你那么多的爱了，怎么办？"

穗林妈妈静静地看着那一串数字，最后艰难地调整为：丈夫 60 分，儿子 10 分，自己 30 分。

我问穗林爸爸："你的妻子要把她 100 分的爱拿出 60 分给你，你要吗？"

穗林爸爸看着自己的妻子说："我不要那么多。"

我问："你觉得应该怎么分？"

"给她自己 50 分，儿子 10 分，我 40 分。"

"你接受吗？你丈夫也不要你那么多的爱。他希望你的爱能给自己 50 分，儿子 10 分，他 40 分。"

"我接受。"穗林妈妈又一次落泪，这一刻，我也感受到了自己身体涌动的那份感动。

"那现在我们就确定了哦？"我问道。穗林妈妈爱的 100 分分配调整后见表 4–2。

表 4–2　穗林妈妈爱的 100 分分配调整表

分配对象	自己	丈夫	儿子
分值 / 分	50	40	10

看着三个人都点点头，我们把目光一起转向穗林的爸爸，期待看到他的分配。穗林爸爸看着我手上的笔和纸，我相信刚才的分配已经对他有所影响，思考了下说："我是一家之主，我觉得我应该更多地爱自己的妻子和孩子。"穗林爸爸爱的 100 分分配见表 4–3。

表 4–3　穗林爸爸爱的 100 分分配表

分配对象	妻子	儿子	自己
分值 / 分	50	30	20

"你觉得呢？"我问穗林。

"我还是不要那么多，我只要 10 分。"他很坚决。

"不好意思，爸爸，孩子不要那么多。"我歉意地看着爸爸，同时要穗林帮爸爸重新分配下。

"我想这样，爸爸给妈妈 60 分，自己 30 分，我 10 分。"

"你想爸爸更多地爱妈妈？"

"是的。"

"平时爸爸爱妈妈不够吗？"我问穗林。

"爸爸更爱他的工作。"他有点不满，但是他不直接看爸爸。

"我不是不爱老婆，是我的工作太辛苦了，没有那么多的精力。"穗林的爸爸低声抗议。

"你回家就爱玩手机。"穗林争辩道。

"好像父母之间的爱是他们的事情，是吗？我们是否要区分开父母的事情和我们自己的事情？"我对着穗林说，之后根据孩子的建议，穗林爸爸爱的100分分配调整后见表4-4。

表4-4　穗林爸爸爱的100分分配调整表

分配对象	妻子	自己	儿子
分值/分	60	30	10

一家人看着这些数字，最后表示无意见，我就合上笔记本，对着穗林爸爸说："听说过吗？孩子的家，就是爸爸爱妈妈！也许只有当你好好地爱够你的妻子60分的时候，穗林才能认可这个家，才有可能是你们满意的儿子，对吗？"我又转向穗林。

穗林十分肯定地点点头。

最后，我让穗林自己分配自己100分的爱，他的分配见表4-5。

表4-5　穗林爱的100分分配表

分配对象	自己	爸爸	妈妈	朋友
分值/分	70	10	10	10

"看看，你们的儿子是爱自己70分的，他已经长大了，首先他要努力地成为他自己了！要照顾自己的所喜、所好、所爱、所恨，照顾自己的未来了！——你们认可吗？"

"认可……"穗林父母艰难地回答，我知道，这很悲伤、也很残酷……

"回去后，你们的任务就是思考，或者夫妻商量下，该如何执行你们百分爱的分配了，可以吗？"我对着穗林父母说，之后看着穗林，"天下没有十全十美的父母，当然也没有十全十美的孩子，你说是吗？"穗林深深地点着头……

2. 穗林的自闭

这是我们的第一次单独见面。现在回想起来，穗林一直比较拘束，眼睛不敢和我对视，就像他说的：和任何人相处，他开始都是这样的，熟悉之后他才会慢慢放松下来。这让我想起第一次看到的穗林爸爸，那个做警察的爸爸竭力地保持放松，但是，还是能感觉到他身体所呈现的紧张。穗林说，他的父亲平时在家的时候，和家人交流总是不在状态，眼神很难对焦，但是，他的爸爸和陌生人交流的时候却很流畅，还说起他记得的一个情景：他曾经在外出旅游的时候发现爸爸和陌生的人交流很好，言谈中充满了骄傲。

"我是个慢热型的人，所以，我的朋友基本都是很要好的，以内心里接纳对方的。而我的爸爸却没有什么朋友，这是我们最大的不同。"

"你已经长大到能足够理性地看待你父亲了！"我肯定他。

"但是爸爸的脾气很暴躁！他一旦不顺心我就可能会成为他的出气筒了！我清楚地记得，有一次，当我和表弟一起在我的房间玩的时候，我爸爸因为我没有把水龙头关好就突然朝我发脾气，把我扯到门外，让我看水龙头没有关好！还当着我表弟的面给我一个碗，让我出去乞讨！不止一次，他给我一个碗，把我关在门外，让我去乞讨！"穗林的眼泪在眼眶里打转，"要知道，我是我们家族这一辈最大的男孩，但是，我却觉得自己没有自信，不能承担这一辈老大的责任！"

"你很看重这个老大的地位？"

"是的。"

"你爸爸是家族的老大？他也在承担老大的责任？"

"是的。因为他做了警察，是爷爷的骄傲。大家族聚会的时候，大家都听他的。"

"你的潜意识其实是接纳你的父亲的，是吗？"我笑了，他也笑了。

"其实在家里有时候起床早我还会给爸爸冲茶的。"他又有点不好意思。

"你的关心还是在的，可能他们的要求太多了？"我试探着问。

"我不是不和他们交流。一家人在一起的时候常常是在饭桌上，爸爸妈妈一说话就吵架。妈妈说什么爸爸都觉得不对，会反驳她、指责她。我小时候曾想发表自己的意见，他们却统一口径——'小孩子知道啥？小孩子不能插话！'我只能闭嘴。到了初中、高中之后，慢慢地我觉得自己懂事了，可以和他们交流我的一些观点了，爸爸妈妈却总是在我讲话的时候开小差，常常让我很失望。特别让人不能接受的是，常常在我讲得起劲的时候，他们却突然打断我说的话，让我感觉好像是从天上掉下来了，你想我还会有和他们交流的欲望吗？"

在穗林说话的时候，我心里也在不断地反省着自己和女儿的交流，女儿也不止一次愤怒地告诉我不该在她说话的时候打断她，不该不听她说话。唉……不知不觉间，我们就这样给孩子造成了伤害。

"我感受到了你所受的伤害！一种不被尊重的伤害！"我真诚地说。

"既然不听我说话，那我就没有必要说了吧。我不说话了，他们又埋怨我不和他们沟通。为什么？为什么都是我的错？孩子的错？他们好好反省自己的错了吗？"

"他们上次来的时候还是很真诚的。"我说得有点无力。

他苦笑了下说："当然！我已经这样了，他们没有办法了！我只能关门，不能沟通就死了沟通这条路，可以吗？"

"当然可以！"

"但是他们不允许！爸爸曾经用脚踢门！要砸门！妈妈也不断地敲门！当然，在我的坚持下，他们最后还是放弃了和我对着干！"

"没有放弃啊！这不，把你都送到我这里来了啊！就是要解决这个问题啊！"我笑着说，他也笑了。

"现在爸爸不会轻易进我的房间了，可是，即使我一再强调，甚至发脾气，我妈妈还是会以各种借口进我的房间。她答应敲门了，但是，敲门之后，不等我答应就自己进来了。很无语！"

"好像他们理解不了你的感受。"

"岂止是不理解，简直就是忽略。"

"是不是只要你一回家，妈妈就会像膏药一样想黏你？"我笑着说，不要问我为什么，因为我也是母亲，呵呵……

"是的。"他笑了。

"这种'膏药妈妈'让你对女性的感觉是什么？"——妈妈是儿子人生相遇的第一个女人，往往会影响到她培养的小男人对待女人的态度。

"我总觉得女人不敢高攀。我不敢和她们交往，不懂怎么和她们交流，也不能和她们正常交流。"

"和女性交往，你最害怕什么？"

"害怕她们突然嫌弃我。"

"妈妈会嫌弃你吗？"

"不会，但她总是不放心我，其实也是不觉得我好。"

"妈妈是一个什么样的人？"

"她很能干，一直做着中层的领导，但是，她仍然很胆小，不敢接触新事物，情绪波动明显，曾经还抱着我哭。"

"工作的事情？"我有点难以理解了。

"不是。我关门的事情，还有不和他们说话的事情。"

"可不可以这么说，你妈妈很怕失去你？"

"也许吧！"

"那我们看看，当你关上门的时候，妈妈是否更关注你了？这里面，有没有你也害怕失去妈妈的可能呢？"

穗林吃惊地看着我。

缓了缓，我说："我们现在静下心来看看发生了什么事情，好吗？"

在他答应之后，我利用催眠的放松方法让他放松下来，之后让他想象他就在自己的房间里，另眼旁观父母出出进进自己的房间，问他的感受是什么？他说："感受到父母进来简直就是目中无人，好像我不存在！"

"当你关上门，发生了什么事情？"

"父母不能忽略我了！我在里面，我有一定的权力！"他的脸上有了点笑意或者是得意。

"嗯。现在，你把房门打开了，如果必须要父母之中的一个人进来，你希望谁能进来？"

"妈妈。"他不假思索地说。

"为什么？"

"妈妈会带来关心。"

"如果是爸爸呢？"

"爸爸会带着内疚进来。他以前很少陪伴我，现在想弥补我。"

"你觉得没有必要？"

"是的，爸爸比较冷漠，脾气很暴躁，在家里很懒，和在外面是不同的两个人。"

"你这一折腾，你爸爸开始改变了，是吗？"

"是的。"他的脸上又有点笑意。

让他睁开眼睛，再次把他拉进现实。穗林意识到，他现在想和父母保持距离的方式，实质上却是起到了相反的作用——更能引起父母的关注。

3. 症状后面的意义

上次见面之后，穗林学校放假了，我们有一段时间没有见面了。因为我加了穗林的微信，所以能看到这期间他去了广西桂林旅游，是和几个大学同学一起去的，玩得还挺不错。只是穗林的父母却不知道他儿子去了哪里，假期是不是回家，还是通过我才知道穗林去旅游了。

假期过后，穗林一个人来见我。他说他还是没有回家的欲望，他不可能按照父母的意愿去做他们喜欢的事情。他不回家，因为在学校他感觉到更自由。这次，我们就针对目前他父母不满意的地方一起做了分析。

第一：关门。

好处：自己在家可以彻底地放松。弊端：和父母交流更少。

他说，以前自己没有能力和父母交流，他们多是以强压的方式和自己相处。从幼儿园开始，父亲就用竹棍打，一定要自己死读书。当好不容易拿个高分的时候，父亲就总结说："没有我你能考上高分吗？"他从来看不到儿子的努力。当考试没有考好的时候，他就说："你就准备长大后去乞讨吧！去读职业中学吧！"

爸爸说的话把我惹笑了。我说："父母打孩子肯定不对，不过，从你爸爸和你们母子的相处来看，我感觉你爸爸在家里说话是没有分量的。好不容易棍棒教育下的儿子拿到好成绩了，他当然要得意一下子了。"穗林也忍不住露出了点笑容。

第二：参加家族聚会。

好处：参加能多和家族的亲戚交流，不但能增加感情，还能多点了解彼此，自己以后的人生路上也能多点亲人的温暖和帮助。弊端：不参加有可能堵了自己未来的发展之路。

第三：回家不理睬父母。

好处：减少父母对自己的负面影响，能够保持自我。他说，自己有时候压力很大，情绪不好的时候还曾有过自杀的念头，父母烦扰自己的时候，情绪不但不会好，而且可能会更糟糕。弊端：有可能是他放大了父母的缺点，以至于自己在同学面前感到自卑。

第四：不告诉父母去旅游，截至目前，他参加的父母不知道的旅游已经五六次了。

好处：可以更好地证明给父母看，他离开他们是可以照顾好自己的。弊端：父母找不到自己，可能更担心，反而和自己联系得更紧密。

"从最后一条看，无论你怎么和父母作对，甚至反抗，你内心里都渴望得到父母的认可，是吗？"我轻轻地问。

穗林低着头，沉默了好一会儿……无论如何，他都在努力地要成为独立的自己。

4. 穗林的被忽略

因为学校的安排，穗林休息几天，在他的微信朋友圈里我看到他和同学一起去森林里徒步了，在徒步的过程中还受了伤，当然，他没有告诉父母。他的父母好像只要穗林预约了心理治疗，他们就放心了，但愿是这样！

这次来的他，明显地轻松了很多。说起他的徒步，他说在路途中受伤后，他的小伙伴们包括领队都很关照他，让他感到很欣慰。至于父母，他希望他们能慢慢习惯没有他在身边的日子，慢慢地懂得照顾他们自己。我说："如果这样，建议是给他们养一只狗，让他们有所寄托。"穗林说："我们以前养过狗，是我抱回家的，可是一个月后，爸妈以隔壁经常来我们家的阿姨害怕狗为理由把那只狗送走了。没有经过我的同意，也没有告诉我。"养过狗的我知道孩子对于狗的热爱，妈妈这样的行为，无疑会伤害到孩子的感情。我说了一句："爸妈这样的行为，好像是对你的情感的一种忽略啊！"

"是的，是的。"穗林用力地点头，"我给你说，他们不只是在养狗方面忽略了我，还有很多方面。"

"好的，愿闻其详。"我做好认真听他讲述的准备。

"第一，不只是狗，还有猫。当我因为喜欢小动物而想养一只狗或者猫的时候，他们不征求我的意见，自己不喜欢就可以随意处置我的小动物。"

"嗯，有点过分。你的父母养过小动物吗？在他们小的时候。"

"没有。"

"所以，他们根本不了解一个小孩爱上小动物是一种什么样的情感，是吗？"

"可能吧。"

"对于他们来说，儿子不在家，家里养个小动物，负责喂养的其实就是他们了。平时工作很累，回家还要照顾小动物，他们会觉得是负担，所以才会这样，是吗？"

"嗯，也许吧。但是也不能不经过我的同意啊！"

"是的，要尊重你的权利才是。毕竟，那时候，你把这个家当成你的家了。"

"这就是我的家啊！"他有点疑惑地看着我。

"这只是你的原生家庭！这个家是你父母打下的江山！"

"嗯！"他点点头。

"所以，我们自己以后可以在自己的王国里想养什么就养什么！"

"嗯，我一定要为自己的孩子养一只狗！"

"赞同。那么第二个被忽略呢？"

"第二，在我读小学五年级之前，家里条件比较好，我父母让我在一所比较好的小学读书（终于说到第一次见面父亲说的结点了）。我在学校表现比较好，不但学习成绩好，还做全校的司仪，每次开大会的时候我都会主持得很好。可是，有一天，爸爸妈妈没有征求我的意见就帮我转了学，到一所风气不太好的学校，理由是爸爸的一个兄弟得了重病，我们家把钱都给了叔叔治病，没有钱再给我读好的学校了！到了另一所学校之后，因为我比较胖，也没有朋友，一到那所学校，就被同班那些调皮的、不好好学习的同学各种欺负，我的心情很糟糕。现在想起来，那时候我应该是抑郁了。我把同学欺负我的事情告诉了妈妈爸爸，可是，他们根本不当一回事，让我忍！请问，这是能忍的事情吗？那些同学把我的笔记本藏了、书扔了、笔也偷了，还讥笑我是个'胖子'，向我吐口水！我一再把这些事情告诉父母，可直到最后我不想上学了，爸爸妈妈才打电话给老师，之后，那些同学才对我好一点。现在回想起来，我觉得我的性格就是那时候改变的，变得很内向。这所学校的老师知道我以前做过司仪，也让我在一次大会上做司仪，结果，因为不自信，主持得很糟糕，这更让我开始陷入了深深的自卑中……"

"如果说养小动物的问题上，爸妈忽略了你的情感需求，那么，在转学和遇到困难需要帮助的问题上，爸妈是直接忽略了你的安全需求！"我满心的可怜。

"是的。"

"第三，就是以前在饭桌上的谈话。现在我认可了你的说法，这个家是他们的家，所以，他们才那么忽视我说的话。"

"是的。不过，这之间有没有代沟的问题呢？也许，你说的话他们根本听不懂？就像你之前说的，妈妈都有些落后了，不能接受一些新事物了。"

"也许有点吧！"穗林沉思了那么一刹那，点点头。

"下一个问题呢？第四个。"

"小时候爸爸妈妈不顾我的兴趣，给我报了很多的兴趣班，有书画、棋艺，那时候自己也不知道怎么选择，父母报了就要我去上课学习。现在想来，我长大后都不会玩了，比较的古板，特别是上了初中后，爸爸还给我报了跆拳道，我一点兴趣都没有，可是爸爸一定要拉着我去，不去就生气，考级的时候我坚决不去，爸爸就打、就发脾气。"

"这好像是忽略了你的尊严！他们没有把你当成一个独立的个体去尊重！爸爸也可能是觉得自己做警察有点武功傍身会比较好吧？所以，自己没有的本事希望他儿子也能够拥有。他不知道他的儿子不需要那些本事，当儿子有人身危险的时候，可以找警察！"

"下一个是，小的时候，我开始对做家务有点兴趣了，可妈妈总是说'你好好学习吧！'她认为孩子的任务就是学习，其他一点都不重要。结果呢？我就没有养成做家务的习惯。长大之后，妈妈就开始埋怨了，说我不做家务，懒，各种埋怨！怪我吗？——现在我不喜欢做那些，我就像她当初认为的那样：除了做家务，还有更重要的事情可以做。但是，妈妈不满意了，爸爸也支持妈妈。我怎么样都是错，是吗？"

"嗯，这是在你成长中，爸爸妈妈忽略了孩子真正的兴趣和习惯的培养！他们不能体会孩子的需求。第六个呢？"

"应该是从初中的时候开始，只要一放学，爸爸忙，妈妈就严密监控我，不让我出门和同学玩。直到上了大学，如果我要出去玩，也一定要告诉她和我出玩的同学叫什么名字，电话号码是多少。"

"这是忽略了你的自由。"

"在初中的时候，有个女同学向我表白过，我当作笑话给妈妈讲了，妈妈之后偷偷地问我的同学是哪个女孩，还和女孩家长偷偷沟通。妈妈进了我的房间，也随便翻动我的东西——很恐怖！我觉得在她的面前，我根本没有什么秘密。"

"这是第六点，妈妈忽略了儿子和她之间也应有界线感！而且，保守别人的秘密是对别人的一种尊重。"

"是的，在她那里，孩子根本不值得拥有自己的秘密！"

"她不知道你不但是她的儿子，更是独立的自己！""你现在在报复她，是吗？"

"有点。我关门、不理他们、我假期和同学去旅游不回家，就是让他们找不到我！"

"只是，我们上次已经分析了，有好的一面，也有不好的一面，是吗？"

"嗯。"

"那我们以后尽量寻找给自己利益最大化的方式来处理面对的一些事情，好吗？"

"嗯。"

5. 再次家庭会谈

穗林的治疗一直在进行中，这期间，经历了和一个女孩子相恋到失恋，相恋时他自信而风趣，失恋时他再度陷入抑郁状态中，严重时竟有自杀的冲动。而在那段时间，穗林爸爸也在工作中失去了他的战友，情绪也一度十分低落……日子在艰难地度过，当一切都基本安然的时候，我再次预约了穗林一家三口，这次，我们一起面对了穗林妈妈内在的不安全感。

那天，当我再次提到穗林妈妈的父亲时，穗林妈妈还是立刻双眼含泪。

"你觉得这件事对你最大的影响是什么？"我问穗林妈妈。

"感觉生命的无常。"她哽咽着说。

"所以你才会有很多的担心吗？"

她用力地点点头……

"担心什么？"

她指指丈夫、儿子，一个是警察，经常有生命的危险，一个曾经有自杀的想法……

"我不能再忍受失去这个家的任何一个人。"她控制不住地呜呜地哭了起来。

"丈夫是工作所致，你没有办法控制，所以最好的办法是隔离那份担忧，不和他亲近？"我试探地问。

"是的，现在回想起来，我虽然很爱他，但是，我很少能安心地把自己交给他。我知道我内心有恐惧、有担忧，这些恐惧和担忧可能以对他的不满表达出来了，也许，这对我的儿子有影响了。"

"你对爸爸的评价和埋怨，会让我觉得爸爸不够好。"穗林轻轻地说。

"会影响你对于爸爸的爱吗？"我问他。

"不会，但是会影响我和爸爸亲近吧。"穗林在思考，"也许，如果我从小和爸爸亲近，我会更自信吧。"

"现在的父亲能让你有安全感、引以为豪吗？"

"嗯……其实，我爸爸工作蛮好的，也有可能是妈妈的能干和对爸爸的态度，让我没有充分地感受到自豪吧。"

我发现穗林的爸爸在偷偷地擦眼泪……

"也有可能只是妈妈插在你和爸爸中间的原因吧？"我调侃道。

"也许吧……"穗林偷偷地瞧瞧妈妈，好像是怕惹妈妈生气，"只是妈妈太关注我了而已，她没有好好地照顾自己。"

穗林妈妈也抹着眼泪……

"这是我们在孩子那里安放了太多我们自己的东西，是吗？"我问穗林妈妈。

"也许是的，很多时候，我看着他才安心。"

"你很害怕失去？"

"是的，大概是从我的父亲突然去世之后，我一下子没有了安全感，总想抓住什么但是总是抓不住……"

"现在看来，这样对家人的影响是什么呢？"

"看起来我很着重他们，其实，我应该是忽视了他们。"她已经停住了哭泣，开始思考问题。"我现在知道了，我的过度关心，是我的需要，不是儿子的需要，也不是丈夫的需要。"她不好意思地看看她的丈夫和儿子。

"我们都需要你的关心，但是不要太多。"穗林和爸爸同时说。从他们的语气中，我明显地感受到了穗林与爸爸都轻松了很多——也许，直到今天，治疗才进入了真正的主题……

在穗林和爸爸的同意下，穗林妈妈同意我帮她做一次催眠治疗，按照既往的经验，我会利用"角色转换"的方式，让她面对自己的"父亲"，做一个告别……

治疗结束的时候，穗林和爸爸都好像变了一个人似的，变得话多而幽默。

只可惜，穗林妈妈再也没有来，也许，她已经放下了那份遗憾，渡过了那个坎。

从我们来到这个世界的那一刻起，人就开始了漫长的修行过程，其中最重要的课程就是面对和处理自己越来越多的失控感。而减少这种因失控感造成焦虑的一个出路，就是将我们太多的难以把控的情绪升华并转嫁，比如将自己的精力投入到兴趣爱好或者事业的提升上等。可现实中，我们发现有一些人没有去"升华"，只是做到了转嫁：将自己内在的这种欲望转嫁到了子女身上，结果，接受使命的孩子不但要为自己的父母而活，甚至还要为自己的祖父母而活，基本没有或者很少能活在当下的自我状态，有的竟然一代代就这样延续下去……

王德贤教授点评：一个孩子的自信，往往首先来自于家中恩爱的父母。当治疗一开始的时候，治疗师已经发现了来访者父亲在家中的角色问题，表现在父亲和家人交流不能聚焦和心不在焉的状态，这些已经呈现了这个家中隐藏的一些问题。直到最后的一次治疗记录中，当发现母亲的问题后，父亲表现出来的轻松状态，都足以为来访者父母的问题提供了更多的证据——也许，来访者在以他特有的方式为这个家庭做着一种艰难的奉献。

第二个故事　深陷网络的女孩

1. 表象后面的世界

正在读大三的女孩吉雅已经是第二次休学在家了，这次如果调整不好就可能要退学了，她的父母很着急，于是就带她来做心理治疗。

22岁如花年纪的吉雅，虽然比较胖，穿的衣服都是大号的，但她依然美丽动人：五官精致，有一双会笑的大眼睛，双眼皮很明显，端正的鼻子；皮肤白皙。说起她的胖，她说可能与她没有时间锻炼有关。从小，她的体质不是很好，爸爸妈妈就一直迁就着她，不锻炼身体就好好补，还专门在屋顶养鸡、养鸽子给她吃，这一补就没有停过，以至于现在这么胖。爸爸妈妈都很勤快，她这个心肝宝贝只要学习就可以了，闲时多数时间是看动画片，长大之后，则是用手机玩游戏。所以，从小到大吉雅都不用干家务。2年前，网络上出现了吉雅特别喜欢的一款游戏的动漫片，吉雅觉得那部动漫片的水平太差，没有完美表达原来游戏的内涵，于是大为不满，就在微博上发表了一些对这部动漫片的不满言论。结果，微博上迅速出现了很多反对的意见，同时，支持吉雅的队伍也迅速壮大起来，两派之间天天唇枪舌剑，竭尽攻击之能事，并且在这个过程中，吉雅对立一派的一个女孩子还被吉雅一边的人进行了人肉搜索，那个女孩后来不堪忍受压力而自杀了。吉雅认为，所有的事情都是因自己而起的，觉得十分内疚，可是，这时的她已经不能控制局势，更痛苦的是，吉雅自己也不能控制自己，天天关注事情的进展，全身心地投入进去——更糟糕的事情发生了，一年前吉雅也遭到对方网络人肉搜索，并在网上加以攻击，吉雅十分烦恼，也曾服药自杀，经急诊抢救才保住了性命，之后吉雅就休学了。休学后，她还是整天抱着手机沉陷在那些"口水战"中，爸爸妈妈十分无奈，没收她的手机，她就在家大发脾气，摔东西，甚至割腕威胁，吉雅的父母只好带她来求助于心理治疗。

从既往的经验看，网瘾的问题，是很难解决的。征得吉雅一家人的同意，我们一起先理理他们的家庭背景，以便能更好地理解当下吉雅的问题。在治疗之前，我让他们一家人各自画了曼陀罗画，图4-1是吉雅爸爸的曼陀罗画。

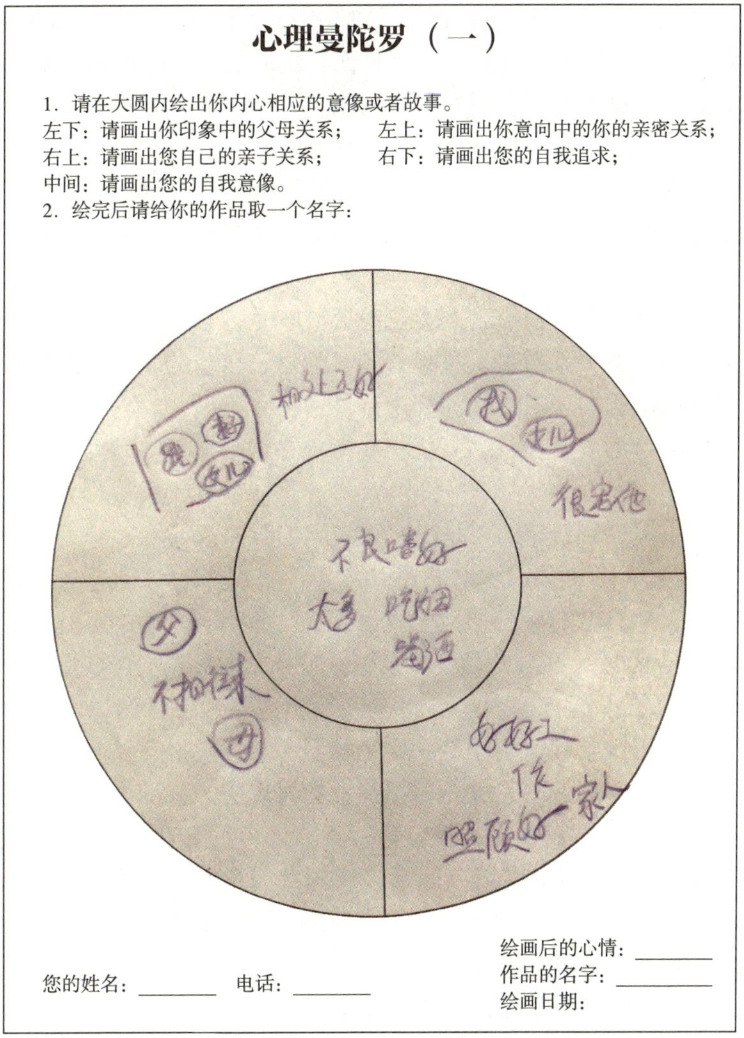

图4-1　吉雅爸爸的曼陀罗画

　　吉雅爸爸说他怎么努力都不能画出所要求的画，在心理治疗过程中，我发现一般这样的人，基本都是理性思维比较占优势的人或者内心对治疗有抵触的人。左下角他的父母关系部分：两个圆圈分别代表父亲、母亲，中间写着"不相往来"。左上角的亲密关系部分，是一家三口，他标注是：相处不好；右上角的亲子关系部分他用一个大圈圈住分别代表他和女儿的两个圈，他标注是：很宠她；右下角的自我追求部分，他标注：好好工作，照顾好一家人；中间的自我意象部分，他写道：很多不良嗜好——抽烟、喝酒。

　　看着左下角的图，吉雅爸爸说："我父母的婚姻是农村介绍的那种，婚前两个人都没有见过面，结婚后就'嫁鸡随鸡''嫁狗随狗'。我的父母年轻时经常吵架，经常冷战，年纪大了吵架少了，但在父亲去世前的很多年，他们都各自住在不同的儿女家，不相见面，真的是'老死不相往来'！"

　　"那你和你妻子的感情呢？"我问他。

　　他扭过头不看我和他的妻子，没有马上回答。

　　"经常吵架。"吉雅在旁带点儿调侃的语气说。

　　"你让他回答吧。这么多年，他是否爱他的老婆？"吉雅的母亲明显地带着压抑的愤怒轻声说。

　　"不爱你我会娶你吗？"吉雅爸爸嗫嗫地说。

　　"从你的亲密关系图里，我只看到了你对于孩子的宠爱，这样也许会造成夫妻之间的矛盾的。"我提醒他道。

　　"是的，是的。"吉雅妈妈说，"我感觉在这个家里，我就是这父女两人的第三者。"

　　"这并不是你所希望的，是吗？"我问吉雅的爸爸。

　　他说："这么多年了，发生了太多的事情。"之后，吉雅爸爸述说了在他们结婚之后，他自己的父母如何生病需要自己负担，兄弟的家庭有了经济困难如何向自己索要，不给就翻脸，"我很烦啊，党医生！我只是一个区区的小医生，却要给予那么多人经济支持。不但这些，吉雅妈妈众多的兄弟姐妹，一有经济困难就找姐姐，她是家里的老大，总觉得自己经济好了，要照顾弟弟妹妹。我们的经济是好点，但是我的付出呢？我除了做医生，我同时还兼做了两份工作。我的父母我要管，我的兄弟我要管，我是这个家族的，我不得不管。可是，你的家族呢？你的父母我可以管，你的兄弟姐妹凭什么也要我管。我不管，你就说我只顾自己的家，不照顾你的家。"吉雅爸爸说着说着，就面对着妻子越说越生气。

　　而吉雅的妈妈，看着自己的丈夫默不作声。

　　"吉雅，爸爸妈妈这么多年照顾别人这么多，你的感觉是什么？"

"烦！"吉雅无奈又烦躁，"你们整天为这些事吵架，我只有一个字——烦！"

"你烦的时候会怎么做？"我问她。

"离他们远点啦！玩手机啦！"

"家庭不断的战火，孩子的感觉是怎样的呢？"我问吉雅，也让父母听听孩子的声音。

"不安心，胆战心惊的，不知道啥时候两个人就冷不丁地开始战斗了。"

"当父母吵架的时候，孩子对父母的看法会怎么样？"我又问。

"有时候觉得他们很幼稚，有时候觉得他们真的无理取闹。"吉雅厌烦地说。

"这样看来，有的时候你比你的父母还成熟呢！"我笑着说。

"可不是嘛！——我的父母有时候真让人不省心。"吉雅埋怨道。

"当父母的兄弟姐妹不断地烦扰你父母的时候，你的感觉是什么？"我再问吉雅。

"我也开始对钱很紧张，害怕花钱。"

"内心里很没有安全感？"我问。

"是的"，吉雅随即又笑着说，"不过，玩手机能忘记一切烦恼。"我知道她在为自己辩解。

"爸爸呢？喝酒、抽烟能忘记一切的烦恼吗？"

"是的。每次烦恼的时候我就抽烟，每次不开心我就喝酒，把自己喝醉。"吉雅爸爸说。

"醉酒可以逃避烦恼，玩手机也可以忘记烦恼，可是烦恼始终还是在那里。你们两个用了一样没有意义的逃避机制，是吧？""所以，现在，不只是吉雅一个人的问题？"

> 父母是孩子的榜样。有时候，那些榜样是看不见、摸不着的，深入骨髓的东西。而夫妻一方是个什么样，另一方必定是做了贡献的。

2. 吉雅的妈妈

吉雅妈妈希望单独约见我一次，在吉雅的同意下，我约见了她。

如图 4-2 所示，在吉雅妈妈的曼陀罗画里，她的父母关系部分是比较

和谐的。在左上角的亲密关系部分里，她把自己画在了一片雨水中，她的
父母在旁边看着她，不断地给她安慰和有限的支持。在右上角的亲子关系部
分，她说她想拉住女儿，可是却越拉越远。右下角自我追求部分，她画的
是自己和爸爸妈妈，她说："我兄弟姐妹9个，我是最懂事的那个孩子，很
小就帮家里放牛、挑水，干各种活。那时候，我最大的愿望就是一手牵着妈
妈的手，一手牵着爸爸的手，可是，大人们一直都在干活养家，这个愿望就
一直存在我的心里。"中间的自我意象部分，她说，那个是自己心目中的情
景——有个温暖舒适的家。

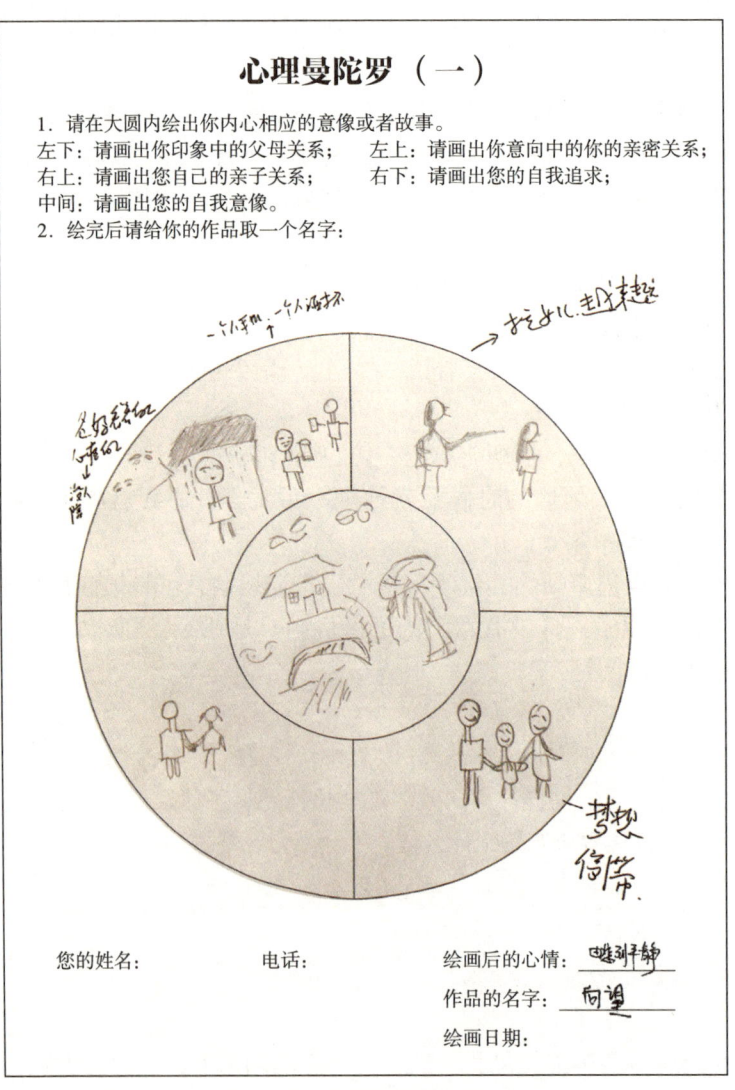

图4-2 吉雅妈妈的曼陀罗画

"怎么在你的图里，我感觉到你还是那个在妈妈家里的小姑娘呢？"我看着图说。

"可能吧。"她悠悠地说。

"和你是本地人有关吗？嫁给了一个外来的丈夫所以还没有出嫁了的感觉？"（吉雅爸爸是大学毕业后留在当地工作的。）

她没有回答我，沉思了会儿，说："可能是我没有把心放在这个男人身上吧。我也始终觉得他娶我也是因为我是当地人。我知道他在结婚前爱过一个女人，一直都爱，只是因为一些原因他们不能在一起，所以，我一直都没有觉得他可靠。结婚后也证实了这一点，他不断地有情人，女儿也知道，从来就不避讳！"

"这样说来，只要你心里觉得你的丈夫还爱着别的女人，他为了你的身份而娶你，那你应该不可能真正地爱上这个男人？"

"是的，这么多年来，我的心里一直没有跨过这个坎。"

"自己身边的女人心不在自己身上，你觉得你的丈夫能感受得到吗？"

她想了想，说："应该能。"

"那么，他这么辛苦地赚钱，不但养他的家，还要照顾你的家——一个不爱自己的女人的家，他会有什么样的感受呢？"

沉默……

"所以，他的醉酒不排除有你的一部分责任，是吗？"

"嗯，"她接过纸巾擦着自己的泪水，"可是，这么多年来，我觉得自己就是个保姆，他们父女俩的保姆！——其实，我的心里还是爱他的，可是，我们家一直乱成一团麻。"

"是的，你们每个人都辛苦。不过源头在哪里呢？——你看看，如果你总记得他的心中还有别的女人，那么你能作为一个妻子去和他相处吗？""妻子的最大任务是什么？"

"生儿育女、伺候丈夫孩子？"

"那你为何要工作呢？"

"万一我的丈夫不要我了，我就不会饿死啊！"

"你工作的目的就仅限于不让自己饿死吗？"

"也不是。工作能让我感受到付出和回报的快乐！孩子们成才是一个老师最大的骄傲。"

"做妻子就只有付出没有快乐吗？"

"有。让自己丈夫的需求得到满足自己也快乐。"

"感觉你总是游走在婚姻的边缘啊，总像个冷眼旁观者。那你能感受到丈夫的需求然后给他满足吗？"

"我害怕我全身心地付出，最后得到的是更大的伤害。他确实也给了我很多的伤害。"

"如果总是冷眼旁观，那你就不在那个妻子的位置上啊！""当你不在位置的时候，那当然会有不同的女人会试着来到这个位置，包括你们的女儿——当然指的是她在你丈夫心中的位置。"

"他一直都不爱我，那我怎么能好好爱他呢？"她委屈地说。

"那你问问你的内心真的爱他吗？"

她想了想，用力地点点头，说："我爱！"

"那么，你为何不遵从自己内心的情感去爱他呢？爱自己的所爱，那是你的事情，不是他的事情。"我顿了顿，"他爱不爱你是他的事情。""我们只能做自己想做的事情，不是吗？""做自己想做的事情自己才快乐，不是吗？——你不快乐，就是因为你不能爽快地去爱他，对吗？"我慢慢地梳理着一个个问题。

吉雅妈妈又开始流泪……

"当我们要做一件事之前，我们忘记了自己的初衷，首先想到的是别人的过错或者不完美，那势必会影响自己去做这事，是不是自己给自己人为地造就阻碍了呢？"

吉雅妈妈用力地点点头。

"那爱自己想爱的人，为他付出也是对自己负责，是吗？"

"嗯。他每次喝醉酒的时候都是我在照顾他，可他醉酒之后经常打我。"她又委屈地流泪。

"打过好多次？"

"是的。"

"但是每次之后你没有制定规则和行动来拒绝这样的事情再发生？"

"我管不了他。"

"感觉他就像个任性的孩子，被你宠坏了。"

"是的。"

"所以，你会感觉你是他的母亲他的保姆而不是他妻子？"

"是的。那我该怎么办？"

"学习做妻子啊！"

她瞪大眼睛看着我，说："我只知道人要学习知识，没有想到还要学习怎么做妻子。"

"就像你们只知道孩子需要学习书本的知识，不知道他们还要学习更多生活中的知识一样。"我笑着看着她。

接下来，我和吉雅的妈妈分享了妻子和丈夫在婚姻中的三个角色的职能：母亲、情人、女儿以及父亲、情人、儿子。只有那些夫妻双方都能在这三个角色中自由转换的夫妻，才能拥有更加和谐美满的婚姻生活。

"很难去自由转换。当夫妻在一起之后，经过一段时间的磨合，基本上都是固定的模式了，几十年如一日！"吉雅妈妈感叹道。

"是啊，很难！"我也感叹道，"因为我们的父辈都没有教过我们怎么去做好女人、好男人。"

在我们父辈那一代，以及之前的很多代，他们都视养育儿女为毕生最大的任务，没有可能也没有机会去学习如何才能更好地做一个女人、一个男人，所以，这是我们这一代所面临的问题。如果我们已经意识到了这个问题但仍然没有学会，那我们的下一代可能仍然要面对这个问题。

吉雅妈妈说："我试试吧。只是，我以前试着去爱他的时候，看着他喝醉酒之后发酒疯，砸东西，大声嚷嚷，家里家外吐得到处都是，我就觉得丢人，好不容易建立起来的一点点感情就不断地被耗竭了。"

"爱一个人，就全然地接受他本来的样子，不是吗？"

"嗯。也接纳他的醉酒吗？"

"是醉酒的原因——这也是我们必须面对的问题。"

世上没有跨不过去的坎，不是吗？

3. 吉雅的难

这是吉雅的第二次来访。和其他的来访者一样，随着来访次数的增加，她开始慢慢地适应了治疗室的氛围，显得自在些。她仍然每天在和那些微博上的粉丝互"黑"，没有办法安心学习，也曾考虑过能否请家教一对一，但是又不舍得花钱。我们交流了这个问题，分析了在网上较劲的人的特质有可能都是有点偏执人格的人。她意识到了这个问题，但是，她还是深陷在那些纠结的问题之中，决心也必须争个高下对错。我只能暂时避开这件事，"也许需要药物的干预了"，我也心里这样想着，知道为此需要和她的父母沟通了。建议来访者吃精神科的药物，心理医生总是会有点遗憾，但是也要接受这个现实：心理治疗的范围还是有限的，心理医生的能力也是有限的，那我只做我能够做到的事情。岔开了话题，我们谈到了吉雅的经历。

"我应该就是那种含着金钥匙出生的孩子，当我出生的时候，我的父母都有不错的工作和工资。可以说，我在家里是要什么基本都可以得到的，当然，小孩子要的东西也不会花太多钱。我读小学的时候，父母也理所当然地给我读了当地比较好的贵族学校。在那个学校里，我很快有了自己的朋友，学习也好。可是，在小学二年级的时候，我们有了自己的房子，父母说不想让我去远的地方读书，就突然给我转了学。"说起这个，吉雅似乎有点激动，她调整了一下情绪说，"当我转到新的学校的时候，我一下子很孤独。小孩子在学校读书时常常会抱团的，以抱团玩耍为主。当一个新的、看起来比较弱的女孩子突然到了这个大的团体的时候，常常要经历一段时间的孤独，如果不强势，就会成为一些调皮捣蛋的孩子欺负的对象。来到这所学校，我没有一个朋友，我还发现学校的老师没有以前学校的老师教得好，学生也大多是不那么好好学习的孩子，很多是附近村子里的孩子，他们都是讲当地的语言，而我讲不好他们的本地语言，加之自己性格内向，很少主动找人说话，慢慢地，就成了一些调皮的男孩子欺负的对象。开始的时候是邻桌的男孩，后来是其他几个男孩。他们一起藏起了我的课本，抹黑了我的作业，团队活动的时候，每个团队都不要我，有的人还故意鼓动别的人排挤我，好像他们把欺负一个不会反抗的人作为一种乐趣，一种骄傲。我清楚地记得当时还有个男孩子把一团纸巾塞进他的裤子，之后又拿出来，塞到我的衣服里，其他的孩子在旁边哈哈大笑的场景……"

我感觉到很难过，问："你没有告诉老师吗？"

"说了，当老师批评的时候他们很乖，但是之后他们更加地报复性欺负我，几次之后，我就不敢告诉老师了。"

我的心好像在流泪，我问她："告诉爸爸妈妈了吗？"

"告诉了，但是，父母只关心我的学习，关心我考了多少分。当我的分数低的时候，他们就啰啰唆唆，当我考的分数高的时候，他们就兴高采烈、得意扬扬。我说同学欺负我，老师教育不好，爸爸总是说，在逆境中可以锻炼人，让我别管他们，好好学习就好。可我怎么能做到呢？直到后来我十分抗拒去学校了，哭着逼着爸爸去找老师，我爸爸才去学校告诉老师这些事，最后在老师的强势干预下情况才有了好转。"

"这段时间的遭遇对你的影响很大，是吗？"

"是的。我开始从很外向的性格转为十分的内向，现在看来，我从那时候已经开始得抑郁症了。我对去学校感到恐惧，不愿意上学，常常一个人独自玩，玩画画、玩铅笔，有时候忘记带笔或者本子，向同学借，他们不愿意借给我，之后我就慢慢地不敢和别人说话了，见到熟悉的人也习惯性地躲避，直到初中、高中，性格完全改变了。"

"是因为没有自信了吗？"

"是的。现在想起来了，因为心情不好，没有了自信，做事也唯唯诺诺，显得笨拙，有一次不小心踩了老师的脚，老师又踢回了我，满脸的厌恶。之后，那些同学更变本加厉地欺负我了。后来，我结交了一个女孩，那个女孩说，每次她们在教室外玩要听到我在教室里尖叫的时候，女孩子们都会说，'唉，吉雅又被人欺负了'。"

"看来欺负你成为常态了。"

"是的。我讨厌上学，但是又不得不上学，所以，我那时最渴望的就是自己生病。我一发烧、肚子痛，就可以请假，特别是每次一跑步，我就头晕，就会晕倒，然后，老师就会打电话给我爸爸，我爸爸就会把我背回家，之后我的同学又都嘲笑我是被爸爸背着回家的。很丑啊！"

"晕倒是完全失去知觉了吗？"吉雅撒娇式地撼住眼睛，我却紧张了。

"是的，什么都不知道了。"

"就像顷刻间死了一样，不要自己了。"我用双手心向两侧摆开，摆出了那个不要自己的姿势。

"是的。"

"那你和你爸爸喝醉酒有什么区别呢？——什么也不知道了！什么也不管了！即使天塌下来，我也顾不了那么多了！"

"是的，"她想了想难过地点下头，"在学校的时候我没有朋友，后来，好不容易有个女孩愿意和我玩。有一次我过生日，我就邀请了两个女孩子来我家里和我一起过生日。和我关系好的那个女同学化了妆，还戴了耳环，我爸爸就说她们一定不是好孩子，一定要她们马上回家，后来还打电话给老师，要老师让她们以后不要和我一起玩……"

"太过分了。"

"是的，太过分了！从那以后，我在同学面前更抬不起头，在那两个女孩面前也抬不起头。那时，老师在学校里也动不动打人，教训一些学习不好的孩子，爸爸还说'严师出高徒'。"

"好像你比你爸爸更能看懂一些是非。那个戴耳环的女孩后来你还见过面吗？"

"见过。她后来不读书了，自己开了一家小茶店，看起来还挺开心的。"

"而你现在不但养不了自己，还被一些事情滋扰着很痛苦。所以，只要能快乐生活，怎么活着都是不错的，是吗？"

"嗯。"

4. 畸形的家庭才有不正常的孩子

吉雅还是在网上继续着她的争辩，只是现在可以在睡觉的时候放下它，上课的时候比以前专心一点，但是，还是不能忘记手机，时不时地看看手机，课堂知识很多还是难以听懂，她正在下决心征求父母的意见请家教一对一教学。再次来到治疗室的时候，还是念叨起小时候转学的事情："以前，在我的家里，所有事情都围绕着我的学习和学习成绩。"

"爸爸妈妈也有工作啊。"我说。

"他们虽然有自己的工作，而且也都做得不错，但却口口声声说是为了我而辛苦。为了我读书的学校距离家近，不征求我的意见就转了一所差的学校，当时，我那么小也想不到再转学回去，就那样熬，结果被同学欺负。他们太关心成绩了，有一次，我考试得了 68 分，全班同学的分数都低，我还是不敢把试卷拿给爸爸妈妈看，干脆把试卷藏了起来，可心里还是害怕爸爸妈妈问，于是，就在爸爸妈妈快下班回来的时候，太害怕被他们责备的我就吃了家里备用的很多药，吃到昏迷去抢救。"

"那件事情之后呢？"

"爸爸妈妈就不敢像以前那样逼我学习了。"

"这是你第一次以自杀的方式应对没有办法解决的问题，是吗？很有效果？"

"是的。之后，在初中的时候我还是不能顺利和别人交往，学习很紧张的时候自己会崩溃大哭，同学说我太肥的时候我就疯狂减肥，有时候吃很少东西，有时候又暴饮暴食，还强迫妈妈给钱我去整容（没成功）。如果妈妈不同意我做什么，我就打闹，甚至自残。"她说话的同时给我看她胳膊上一道道刀划过的痕迹。

"我怎么感觉你不断地在找机会折磨你的父母呢？"

"哪里啊！"她撒娇地说，"不过，我的父母根本顾不上我。爸爸用了很多的时间工作和做生意，赚的钱让家里生活好了，可是，不断地有亲戚来要钱，爸爸妈妈开始吵架，吵架后爸爸就开始喝酒，后来逐渐上了瘾，经常性喝醉，喝醉后就骂妈妈，有时候还打妈妈，把家里搞得一塌糊涂。妈妈总是口里骂着爸爸，过后还是收拾好家。"吉雅好像很愤怒："你们过不下去就不要过了嘛！妈妈总是给我说她遇人不淑，总是问我爸爸又喝醉了怎么办？——可每次她还是把喝醉了的爸爸照顾得好好的啊！""妈妈总是看着我说'我们离婚了你该怎么办啊？怎么办呢？'——他们说了无数次离婚，却都没有离婚。两个人都不是因为感情而在一起的，那么，在一起有什么意义呢？说为了我？——他们两个人的事情又关我什么事情呢？"吉雅的声音明显地充满了愤怒，"妈妈总是说辛苦，却不断地去做事！爸爸一个大男人，在我小的时候还在我面前哭，问我如果他们离婚了我要跟谁？——我一个小孩子怎么知道。我只会看着他们两个闹，吵架、砸电视、摔电话，然后一个去抹眼泪，一个去喝酒且喝得不省人事，随便躺在大街上毫无顾忌地呕吐……"吉雅捂着自己的脸说，"唉，我都羞死了！"

"对于一个孩子来说，承受的的确太多了！"

"还有更离谱的，爸爸的情人曾经找上门来了，这次我以为妈妈会离婚了，结果却是妈妈大喊大叫，还拿着刀当着我和爸爸的面自残——到了这时候还一点不知道反省自己，结婚那么多年了，都不知道自己的丈夫到底需要什么？自己把自己放在一个保姆的位置上，回头却抱怨自己做得太多没有人看到，说自己委屈！——我现在知道了，畸形的家庭才会有不正常的孩子！"

"感觉你们一家人都在闹，包括你！"我试探着说。

"是。有一次我自残的时候，满手是血，我爸爸却说，要死就死远点！我妈妈说，要死就早点死！"

"他们开始对你又爱又恨了！"

"我把自己的问题理一理，第一，对人与人之间的关系很敏感，所以，经常引起情绪不稳定；第二，手机瘾，控制不了；第三，偏激，别人一说我不好就炸；第四，迷茫，不知道以后自己到底要干什么、做什么？"

"你最大的问题是不能自律。"

"是的。"

"你父母就没有给你一个自律的榜样！"

"是的。"

"又要靠你去培养这方面的能力了。"我看着她加重语气说。

"是的。"

"你没有自律，就不能学习好，那么，谈未来好像没有什么依据。"

"是的。我知道我现在把所有的问题都推到父母那里了。我对他们的态度也不好。爸爸现在好像很怕我再出事，可是我控制不了自己。我现在就是个完完全全的守财奴，我也不想这样，所以，对自己又恨又内疚又自责。"

"你怎么是守财奴呢？"

"不舍得花钱找个一对一的老师学专业课啊，不想花父母的钱。"

"花父母的钱意味着什么呢？"

"不能自立啊！"

"你不想用父母的钱，但是你现在还不能承担养自己的责任啊。"

"我还是找个机会和爸爸妈妈谈谈吧！我现在这样是学不下去的。"

"好。为什么说自己偏激呢？"

"我不能忍受别人说我不好，特别是说我胖。小学的时候，同学开始欺负我的时候就因为我胖，经常笑话我。初中的时候，又有人说我胖，我就很气愤，有时候节食减肥，过几天又暴饮暴食，吃过之后又诱导自己呕出来，反反复复。自己要的东西父母不给，我就发脾气、砸东西，直到能得到。之前，在网上发表意见被批，之后就像走火入魔了一样走向了和那些人战斗的日子，一定要在争辩中赢了他们，所以欲罢不能了……"

"你怎么评价自己的这种状态？"

"好像有一种争强好胜的感觉……"她开始反省自己。

"但是，如果你和同伴争强好胜倒是无可厚非，可如果你和父母也这样干，似乎有点不妥。父母必须听孩子的，那么，孩子的地位大过父母了？那是否可以这样讲，你想做父母的父母呢？——你看看，现在父亲也怕你了，妈妈怕你生气犯病也要看着你的脸色说话了……"

吉雅惊讶地看着我，我继续说："现在不只父母要听你的话，做事还要小心翼翼，生怕你又来个身体不适啊、自杀啊之类的。你的能量很大，父母吵吵闹闹几十年，互相还是不能协调不能妥协，可是，现在他们两个好像都被你的事情打趴下来了，不敢再骄傲，甚至大气不敢出，只怕你有个三长两短的。"

"是的，是的。"吉雅点点头，问："那可怎么办呢？"

"是啊！该怎么办呢？"

"争取管好自己的事情吧……"她幽幽地说。

"那你管好了自己，父母是否又会重新去战斗呢？"

"我觉得现在我已经顾不了那么多了，随他们去吧！"

"好！先调整好自己吧！"

之后，吉雅和我分享她的曼陀罗绘画（见图4-3）：左下角的父母关系部分，酒瓶代表着嗜酒的爸爸，刀代表着爸爸和妈妈之间相互伤害的关系；右上角的亲子关系部分，代表着自己和父母之间隔着一条大河；右下角的自我追求部分，就是自己有一台电脑然后通过电脑能赚钱生活就可以了；中间的自我意象部分，自己就像被封闭在一个密闭空间里，走不出去。吉雅说：

"这就是我目前的状态，活在一个自我封闭的空间。"

"为什么是自我封闭呢？"我问她。

"可能是因为我太在意别人对我的看法吧！等于自己和自己过不去。"

"当然。"

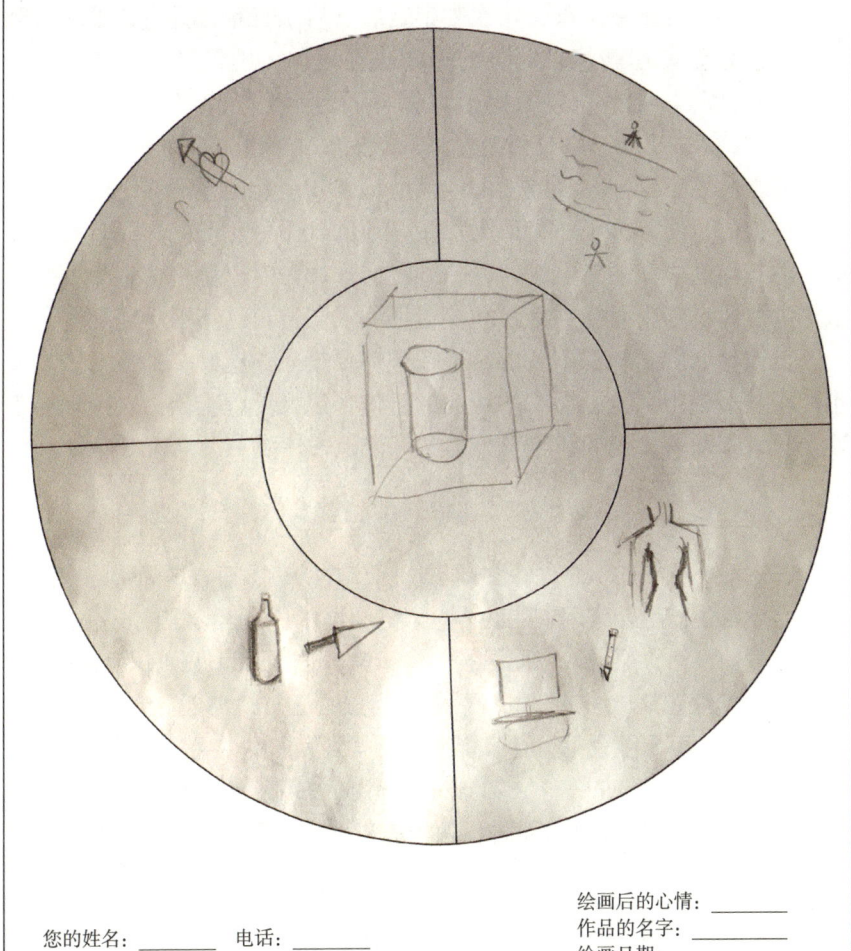

图4-3　吉雅的曼陀罗画

5. 住院

在治疗一些难治的、比较棘手的、有具体的"靶"症状的患者的时候，心理治疗有时候需要从侧面循回到这棘手的问题上来。在以上的治疗过程中，包括中间穿插的两次沙盘游戏治疗，我的"自我感觉"尚良好，但是，我知道我还没有完全碰到核心症状。每次和吉雅谈及和那些网络对立面的交锋的时候，她都有意或者无意地躲过。言谈中透露的少许信息，也告诉我她不认为这样做是不对的。事情的转变是在一次治疗后隔了两周的治疗——吉雅又一次喝药自杀。

自杀发生在吉雅和父母又一次吵架之后。后来吉雅告诉我，那段时间她团队的粉丝数量急速增加，对方的粉丝也在增加，她曾经连续两天没有睡觉，一直在激战。她的爸爸妈妈因为管不了她而发了脾气，夺走了她的手机，她的"战斗中"的兴奋已经让她暴躁易怒，于是，喝了很多的药自杀。抢救过来之后的吉雅坐在我前面的沙盘旁，和我谈及她在网络上的两方相互攻击的行为的时候，吉雅还是认为那是必须的，十分必要的，而且一定要斗争下去。我问这样做的意义的时候，她说，这样做对于她来说很重要——任何事情都需要有一个对错。她必须要让那些人知道自己错了。而那些人是什么人？是做什么的？她都不关心，她还坚持要投入到这其中的战斗中。看着吉雅刚刚从药物中毒抢救回来的孱弱的身体，以及手腕上因为自残而留下的刀痕，我一阵悲哀，当即建议吉雅的父母带她去住院……

医生不是万能的，心理医生更不能治疗好所有患有心理障碍的人的疾病。心理医生的陪伴作用能促使一个人的心理成长，但心理成长是一个漫长的过程。没有人可以说自己已经十全十美、心灵没有任何的瑕疵了。但是，心理治疗能让一个人在治疗后得以尽量心理舒适地活在这个人世间。但心理治疗也不是能让每一个来访者都能得到满意的效果。我承认我按捺不住了，我没有足够的信心陪着吉雅继续走下去了，一些内在的足够牢固的观念，让我不得不放手让精神科医生加药给她，现在，她的自残、自杀，让我不敢再冒险。

吉雅很快被送往精神科病房住院治疗。在那里，她接受了电刺激治疗，效果甚好。值得欣慰的是，随着吉雅的住院治疗，吉雅的父亲才第一次切实地考虑起戒酒的问题。吉雅，又一次为了她的原生家庭被动地做了一次奉献。

之后不久，吉雅的父母也就他们之间的经济问题，和亲戚之间的经济问题达成了协议。希望这个家从此有一个好的未来。

在出院不久后的一天，吉雅又来医院找我，我们之间断了的咨访关系再次连接了起来，之后，在整个治疗期间，吉雅的爸爸很少喝醉酒，爸爸妈妈的关系缓和了很多。吉雅已经基本不接触以前"战斗"过的网络战争。这期间，吉雅开始了练钢管舞、游泳和瑜伽，已经活脱脱地成就了一个亭亭玉立的女孩的梦想。也在这个过程中，我们一起面对了吉雅很严重的节食和暴饮暴食的折磨，经历了和宿舍同学作息时间不合而造成的冲突，经历了考试前的焦虑，要完成论文书写的精神折磨，好在我们都一一顺利度过了。"我无论如何也要拿到毕业文凭，要不，我爸爸要打死我的。"她这样说的时候，我问她："要不要让我和爸爸谈谈，不要对你要求太高？"她说："没有必要啊，改变不了他的，他会觉得没有面子的！"我知道，她已经开始了她之前所说的——自律，以爸爸的要求内化了的方式。最近的一次治疗，一切似乎又回到了原点，治疗过程叙述如下。

6. 爽与自虐

吉雅一坐下，就摸着自己又胖了点的肚子说："我又开始胖了，好伤心啊！"

我笑笑，知道她是在撒娇样地诉说，肯定有事才会这样，于是问她："最近发生了什么事了？"

"我又开始上网了，看到以前我的个人网页，有人又在骂我，我很不高兴，就又开始了口水战。"

"控制不了吗？"

"控制不了的！手机就在身边，我上课一听不进去就想看手机，看到那里就又禁不住进行口水战，因为那样很爽啊！而学习就很头疼。"

"越头疼越学不进，越学不进就更不想学，越看手机更不想学，不想学就更学不进，手机就顺理成章又控制你了！"

"是的，我知道是恶性循环，但是，我就是抗拒不了手机的诱惑。"

"记得你以前在这种情况下用的是老人机。"

"是的。现在我也想用老人机啊，但是学校不给啊！——上课点名要用手机，老师布置作业要用手机，有时候作业查资料也要用手机。"

"所以，你们很多学生都沉迷于手机中无法自拔。"

"是的。高中以前有父母管教，有很繁重的学习任务，大家用手机的机会不会很多。现在到了大学，很多孩子都难以自控，就像我一样，有心想学习，但是一拿起手机啥都忘记了。"

"虽然这样，每一门功课的成绩要过关，要顺利地拿到毕业证，也是一件大家都必须面对的事情。"

"是的，所以我才很苦恼啊！况且，我还要应付写小说的事情。听不懂课的时候，一是用手机和别人进行口水战，很爽！另一个就是在脑子里构思我的小说情节，比起听那些很深奥的数据分析、统计来说，都是很爽的事情！"

对了，以上的文章记载中，我一直没有提起吉雅写作的事情。从读初中的时候开始，吉雅就在课余时间迷恋上了写网络小说，有的小说还在网络上得到一些读者的追捧。吉雅说："那种被读者需要的感觉真好！所以，我总是渴望着自己出名，有更多的读者来喜欢我的小说。"

"你很需要那种被需要的感觉？"

"是的，那样我才不会那么孤独。"

"但是人与生俱来就有一种东西，叫作孤独！"

"我要以自己的努力最大限度地减少这种孤独！"

"为何别人看了你的文章你就觉得不孤独了呢？"

"我的小说都是开始恋人之间很恩爱，最后发现了他们被隐瞒的事情又是十分的'虐'的故事。读者如果能和我一样感受到这种很'虐'的情感，我觉得和他们心灵相通了，心里也想着自己被他们牵挂着，所以就不会那么孤独了。"

"你很需要被牵挂着的感觉？"

"是的。"

"一直都缺？"

"没有，我父母在牵挂着我啊！"

"可当你爸爸喝酒的时候，肯定没有牵挂你啊！"

"啊？——又关我爸爸的事？"吉雅斜瞪了下眼睛，说，"哦，对了，我爸爸最近又喝酒了，经常喝醉的那种，已经喝得胃痛了。"

"我们看看你爸爸，喝酒——爽，爽后胃疼，是虐；虐后再喝酒——爽，爽后再胃疼，又是虐。和你一样的模式啊。你这儿是，写小说，上网斗嘴——爽，之后是学习被耽搁，情绪受影响——虐；虐后又爽，爽后又虐，循环往复。"

"是吧，有其父必有其女吧。"吉雅笑着自嘲道，看来她已经接受了自己像父亲的事实。

"你这么像爸爸，你的感觉是什么？"

"没有办法啊！缘分呗！"她又是苦笑。

> 从这里，我看到了吉雅对爸爸的接纳，我其实是欣慰的，可王德贤老师说：不止这些，也可以看出吉雅对于自己和父亲一样有"成瘾"倾向的合理化。吉雅的网络成瘾（包括网络中的战斗以及写小说成瘾）其实也就是爸爸酒瘾的一种转换。他们都是在"追寻快乐"与"自虐"的两个极端中不断地循环。

"你们两个这么像，不断地重复着'爽—自虐—爽—自虐……'的模式，乐此不疲。"我有点调侃地说，之后又担心地问，"另一个人——你的妈妈该是一种什么样的心情呢？"

"她没办法啊，应该是很无奈的吧。"吉雅还是笑笑着说。

"是不是可以这样说，你和爸爸两个人都活在一个自我的世界里不亦乐乎？你们两个人的世界十分地相像，而你妈妈成了一个局外人？一个真正的第三者？"

"应该是。"她有点认真地想了。

"好像对你妈妈不是很公平啊。"

"那是，不过妈妈已经适应了哦。"她有点强辩。

"被动适应。"我笑笑，"不过，我们可以说，谁让她是妈妈呢，或者谁让她生个像爸爸一样的女儿呢。"

"对了，就是这样。"吉雅拍了一下她的大腿笑着说，满脸的调皮，而我刹那间为那个女人一阵悲哀……

"不过，我们也要想想啊，她为啥要承受这些呢？"

"因为她是老婆啊，是妈妈啊！"

"但首先她是她自己啊！她妈妈当初生她出来，可是希望她的女儿一生能幸福快乐啊！从这个意义讲，相比于你和你的父亲，她更属于她的妈妈，是吗？"

"哦……"吉雅的脸上不再有笑容，我知道她的内心里有了波澜……

"你和爸爸在不断自虐的时候，也在虐待你的妈妈！"我加重语气说。

前不久，我接到一个小学男孩被诊断为"儿童多动症"的个案。7岁的男孩子很瘦弱，来到治疗室一直低着头拿着妈妈的手机玩游戏。孩子妈妈说："孩子在学校的时候总是不能安静地坐下来学习，上课的时候要在教室里走来走去，甚至老师同学在上课，他要睡在教室后面的地上。"我问她孩子在家的情况，她说："只要他拿着手机玩游戏，就能安静下来。"我问："如果不给手机呢？"她说："他就会大吵大闹。所以，我都是每天强迫他做完作业才能玩手机。"我对着那个低着头玩手机游戏的孩子说："在学校如果有手机玩游戏，你是否就能安心地坐在座位上呢？"他头也不抬地说："当然好。"我问孩子妈妈："你们晚上在家做什么呢？"她说："孩子做作业的时候，我们有时候做家务，没有家务的时候，我和孩子的爸爸也玩手机。"问题就呈现了——手机，控制了这一家的生活。我问孩子妈妈是否可以把她的手机换成"老人机"？她说："不可以。因为孩子的作业老师是通过手机发送到家长群的，自己工作上的一些事情，单位也是通过手机发送的……

就像吉雅一样，在当今的社会，"手机瘾"是不是也成了大家逃也逃不掉的宿命？

老师们、家长们，当手机给我们带来了很多便利的时候，你们有没有看到我们的孩子们正在一步步走向"失去自我控制"的沼泽地呢？

你们有没有看到越来越多的孩子要戴眼镜？

你们有没有看到孩子越来越活在"大脑"里，动手能力越来越差？

你们有没有看到孩子的颈部肌肉越来越柔软——他们有可能成为严重颈椎病患者？进一步是越来越多的情绪问题、老年痴呆问题、脑血管梗死问题。

细思极恐！

7. 先把大学读完吧

又是一段时间过去了，也许是因为我们之间建立的关系还好，再见吉雅，我能感受到我们之间的开心。吉雅好像是胖了那么一点点，稍微有肉肉的脸合着白白的皮肤、两个脸蛋上的酒窝，煞是好看，可是，吉雅却在一个劲地笑着抱怨，说她胖了，看到食物就忍不住想吃，有一种很"饥渴"的感觉。

"之前在你减肥的时候，吃得也不少啊！"我笑着说她。

"之前减肥的时候我有做很多的运动，游泳、跳舞、瑜伽，可是现在作业很多，我让自己整天泡在图书馆，即使这样，有的作业也难以及时完成，所以，最近就没有运动了。"她有点委屈也有点烦恼。

"你现在看起来也很好啊，不胖不瘦！"

"不行，我的目标是 90 斤，我绝不容许自己胖！"

"胖了会怎么样？"

"别人不喜欢你啊！我希望自己走在大街上有回头率，希望别人说我好看，我只有瘦了，才能吸引更多人的目光，这样我才开心！"

"所以，你的开心基本上都是建立在别人对你的评价上的，是吗？"

"是的。"她不犹豫地说。

就在我记录这次治疗过程的时候，我刚刚见过吉雅的妈妈。吉雅的妈妈说，吉雅的爸爸以前总是主动给亲戚们资金资助的。我问她是否他把名气看得很重，她说是的。

我试着把自己的感觉说出来："对于别人对自己的赞美，你好像有一种类似于'饥渴'的感觉？"

"对的。"吉雅有点小兴奋，好像找到了知己。

"你想到了什么？"我紧追。

她想了想说："好像和吃东西时的饥渴是一样的。"

"那么，有没有这种可能，你在无意间，把你对于别人对你的赞美的饥渴投射到了你对于食物的饥渴上了呢？"

她又想了想，之后说："有这个可能，总之两个的感觉是一样的。"

"你评估下内心的那种饥渴，有填满的那一天吗？"

"如果是真实的食物，可以，太饱了我还会吐。但是，如果是欲望……"她想了想说，"可能填不满。"

"那么，你会永远陷入这种饥渴的状态了。""而且，你对于食物的饥渴太冤了。"

"有点……"她不好意思地笑笑，之后说，"可能因为我现在还没有可以让自己自豪的事情吧，所以，我才想这样用其他的东西来让别人赞美自己。"

"接纳自己。"我补充。

"是的，我觉得我一直忘不了小时候被同学攻击我胖的事情。我一定要让自己瘦下来，不能再让别人说我胖。"她还是那么坚定。

"被别人攻击确实是很受伤害的事情。可是，那是发生在很久之前的事情了，难道你一直要活在那种受伤害的当时吗？"

"好像是很久以前的事情，也像是就在昨天发生的事情。"

"所以，你一直都没有放过那个情景？也就是说，你一直都没有放过当年欺负你的那些小同学？还有，你一直没有放过当年的那个'小胖妞'——她为什么那么胖？她为什么要受到别人的诋毁？她为什么笨笨地不会反抗？她为什么不是一个瘦瘦的别人喜欢的小姑娘？"

"嗯……"她犹豫着，还是那样有点害羞地笑着……

"想不想穿越啊，穿越到当年那个小姑娘状态去：第一，让小胖妞减肥。第二，把那些欺负女孩的坏孩子们教训一顿，让他们必须喜欢小胖妞。"我开着玩笑说。

"被你说对了，"她大声地说，"我经常幻想着能穿越，不过不是穿越到小时候，而是穿越到古代，我会和一个年轻才俊谈一场轰轰烈烈的爱情。"我们两个都笑了。

"谈一场轰轰烈烈的爱情不一定要回到古代啊！"我又开着玩笑。

"穿越到古代，我就没有任何的欲望，就只是谈恋爱。"她争辩。

"现在谈恋爱会被欲望影响？"

"是的，希望别人喜欢自己，害怕别人嫌弃自己的胖。"她捏着自己胳膊上的肌肉说。

"你是说，你预感到在恋爱的过程中自己可能会敏感。"

"有可能。所以，我不敢谈恋爱。"

"所以，你会幻想着穿越，但是你的心里是明白的，穿越不了。"

"是的。所以，减肥比我的命还重要！"

"那是不是说，你的爱情比命还重要？"

"是得到别人对自己的赞美和接纳比自己的命还重要。"

"这是你脑子的想法？"

"是的。"

"不是身体要的吧？"

"自己想的。"

"所以，你一定要你的身体达到你的要求。你要它瘦它必须瘦，你让它达到别人喜欢的样子，它就必须是别人喜欢的样子。"

"是的，我想控制它。"

"基于你小时候受的创伤？"

"是的。我觉得我人生的创伤，20%来自于校园，80%来自于家庭。"

"为什么这样说？"

"我在网络上查了，我小时候因为胖而被同学言语欺负也叫'校园欺凌'。校园欺凌不但包括学生间的肢体暴力攻击，还包括使用言语攻击，利用网络攻击，给我造成的不是身体伤害，而是精神伤害。"

"是的，那是你精神世界的一个疤！一个大大的疤！你和它共处了很多年，看着那个疤，你的感觉是什么？"

"绝望、无助、很渺小……"她瞬间情绪低落，眼泪汪汪。

校园欺凌分为单人实施的暴力、少数人实施的暴力、多数人实施的暴力。其中，多数人对单一人实施的暴力尤为严重，不管在校内还是校外。而这当中重中之重是老师联合学生对单一学生的欺辱。也就在当下我的治疗个案中，有个正在读大学的女孩，就是因为三四岁时在幼儿园被老师和小朋友围绕着一起进行言语攻击而受伤害。在她读大学的时候，有一次，当她被班级的同学围绕着参与活动的时候，她突然回忆起她在幼儿园时的情景，立刻紧张、害怕，继而晕倒在地。另外，校园欺凌也有一些特点，比如欺凌者大多有这样的特征：霸道、冲动和自我中心。有这些特征的孩子，他的家庭往往也存在着有共同特征的家庭成员。被欺凌者也有一些特征，比如：性格内向、害羞、怕事、性格孤僻、缺乏社交技能、没有朋友等。另外还有一个重要情况，就像吉雅、穗林那样：刚刚转到一个新的学校环境，打破了班级原来的平衡，在还没有融入新班级的时候，因为内向怕事，很快成了别人欺负的对象。

"从你的成长来看，今天的你离不开你的原生家庭的影响，那么，当初的那些孩子的坏，也是离不开他的家庭的影响的，是吗？"

"也许……这怎么就让我碰上了呢？"

"是啊。所以，你碰上的那些坏孩子，是带着他们原生家庭的坏来欺负你的。如果是这样，那么我们是不是就可以这样说，这么多年，你一直忘不了那些孩子的坏，实质上，你是没有忘记那些孩子身后的家庭的坏呢？你是在干什么？在战斗？在倾诉？在抱怨？抱怨那些坏孩子身后的一个个坏家庭？"

"是的，我在抱怨，也在抱怨给我这个性格的我的家庭。爸爸妈妈经常吵架，爸爸经常喝醉酒，让我经常无地自容，这样的家庭，让我经常很自卑，同时，我们家庭的经济又比那里的很多孩子的好，这又让我感到骄傲。我都不知道我到底是自卑还是骄傲。总之，我觉得自己很复杂，很难搞，所以，我觉得我并不是一个合适谈恋爱的人，也许我会孤老终生的呢。"

"这世界有完全自卑和完全骄傲的人吗？"我笑着问她。

"没有，应该大家两个都有，可是我觉得我的这两个都是那样的明显啊。"

"就像你的享乐与自虐都是那样地极端。"

"是的。"

"现在看来，基础都在于你的原生家庭。"

"是的。"

"那些都是你成长过程中被动习得的，对吧，而长大后你的骄傲和自卑，由谁来决定呢？"

"我？"她指着自己看着我问，我看着她没有回答，她想了想，点点头，说，"唉……还是好好把作业完成，先读完大学再说吧！"

吉雅的案例报道就此结束，治疗还在进行中。也就在几天前，吉雅预约这次治疗的时候告诉我，她的爸爸已经醉了一个星期了，一直不太清醒。在这种情况下，我说我需要约见吉雅的妈妈，之前我一直建议吉雅的妈妈在吉雅爸爸醉酒的时候送他来我们医院戒酒，但是，吉雅妈妈一直没有下决心这样做。就在吉雅来见我的当天，吉雅的妈妈终于和吉雅一起送吉雅爸爸住院了。那个男人，一直不愿意见我，也不愿意见其他的心理医生，这次，他要被动接受心理辅导了，如果能顺利进行，所有发生在这个男人身上的故事将逐渐被揭开，也许，这个家庭的转变才将会真正地踏上征途。

王德贤教授点评：在吉雅的个案里，治疗师还需要进一步和吉雅定义"肥胖"的问题；需要更进一步处理吉雅的创伤里面所包裹的情绪问题——造成一个人的创伤的，往往不是事件本身，而是事件带给一个人的情绪。另外，我们看到，目前吉雅的情况确实有一些改变，但她的那些改变，基本上都是与外在的情景有关的：读书、考试、肥胖需要减肥等。结合吉雅问题的极易极端化，吉雅确实需要一个学习、锻炼、生活起居的规律化的形成。在帮助吉雅合理地安排自己的作息和锻炼时间上面，学校可以做一些针对性的帮助。（当王教授知道吉雅所在的大学，不能够提供单人的不受影响的宿舍时，他也表示了无奈。）

我们只能寄期望在治疗师的陪伴下，吉雅能在艰难的环境中更快速地寻找到真实的自己了。

走过的路

我从黑暗中走来　带着萧瑟带着寒冷
我从混沌中走来　带着沧桑带着倦怠
我用利刃划开我的胸腔　露出我满是伤痕的心脏
阳光　温暖　一切可以疗愈的能量　我渴望

我带着温暖和爱怜接纳你的到来　伴你疗愈
还会陪着你　打开那扇厚重的大门
门外有一条大路　通向远方
远方有阳光　有温暖　更有鸟语花香
请带上我的祝福前行　未来的一切　你定能自己扛

我放下寒冷　打包起沧桑
带着这份祝福　走向远方
寻找　属于我的雨露和阳光
那里的鸟语花香　我会竭力护养
还会撒种　播种希望　和平常

1. 他的家庭背景

他是个大男生，28岁了，胖胖的，和别人说话首先露出的是一个习惯性的笑脸。他说大概从他5岁的时候就是这样了。他很难对别人发脾气，也不喜欢总是发脾气的人。"你很少生气？"我奇怪地问他。"是的。"他还是那样笑笑地说。"别人做了伤害你的事情呢？""那我也不生气，大不了就不理他呗。""躲开？""是的。"——我们就叫他冬雷吧。

　　冬雷前几次的治疗都是父亲带他来的，他父亲说："我对他已经没有信心了，之前一直是他的外婆在照顾他。一年前得知他得了抑郁症，我就让他和我住了，我现在只是给他看病，病好了，能工作了，他就要去自食其力了。"他的父亲，一个 50 多岁的男人，感觉情商比较高，对人很有礼貌，随和，在之后的几次交流中，你很难发现他有什么做得不对的地方，包括对待他的这个儿子。在他的叙述中，他对儿子已经尽心尽力了：儿子 5 岁的时候，他们夫妻离婚，小冬雷跟着他生活了一段时间；冬雷读小学的时候，因为户籍和学籍的问题，就跟着他的妈妈和外婆、外公一起生活，他还是经常带他玩，给他生活费；读高中时，他一样关心他，只是冬雷开始有意和他这个爸爸疏远了；读大学的时候，他发现冬雷开始经常撒谎，包括学习的事情和生活中的事情，到大学毕业的时候冬雷还差一点因为成绩差不能毕业，为此他花了很多的时间和精力陪冬雷、帮冬雷；大学毕业后，他为了儿子的工作也付出了很多，好不容易能让冬雷进到一家很有发展前景的公司工作，结果，因为工作不用心而被辞退。从大学毕业到现在，冬雷经常性地撒谎，挥霍了家里很多钱，他从十分愤怒到万分失望。

　　"我另外还有两个孩子，他们还小需要我的照顾，你已经长大成人了，现在有病，我会尽我的能力帮你看病，但是，以后你最好还是自食其力，说真的，看着你这么大的一个块头在我的家里，我也不舒服。"在最近的一次父亲和儿子一起的治疗中，他最后这样说。我觉得这也应该是他作为父亲的一个无奈的选择，虽然我也感觉到一丝遗憾甚至内心有一丝儿的愤怒，因为在这之前的几次治疗中，我明显地感受到了冬雷在我和他父亲面前，把自己剖析、反省得那么彻底，内心里其实是很希望父亲能接纳自己、理解自己，但是，随着他对于自己曾经做的父亲已经知道或者不知道的事情的坦白，他的父亲只是"无奈"和一种无以言表的"失望""失落"。我理解冬雷的父亲，也知道了这个结局并不是冬雷所希望的。在我和冬雷相处的治疗时间里，当冬雷把自己整个的故事讲完之后，我自己的内心也特别地复杂。总之，当父子一起的治疗结束的时候，冬雷爸爸也是笑笑地看着自己的儿子，承诺以后冬雷的人生路上有需要他帮忙的地方，他也会尽力帮助——他完全地撒开了自己感性的爱儿子的连线，以理性的态度，给了他和儿子关系一个了结。

　　到底，在冬雷的身上发生了什么事情呢？

　　28 年前，冬雷的出生，给了外公外婆很大的快乐和安慰。冬雷的舅舅因为身体原因不能生育，冬雷是外公外婆唯一的第三代（计划生育期间）。冬雷的母亲很肥胖，冬雷的父亲却是那种帅帅的男人；冬雷母亲高中毕业，冬雷的爸爸却是名牌大学毕业，按理说两个人还是有差距的，但是，他们却结婚了，对此，冬雷的父亲明确地坦白说："就是因为我的家庭情况不好，冬雷妈妈的家境好才和她结婚的。没办法，当年我刚刚参加工作，自己找的工作也不是很理想，我的老家在外地的一个比较贫穷的山区，家里经济一直很紧张，眼巴巴地等待我这个大学毕业的孩子来支撑家里的经济，所以，虽然我不爱冬雷的妈妈，但是，在不讨厌她的情况下，她的在这个城市地位显赫的父亲以及在大的事业单位工作的母亲的家庭背景，让我选择了这段婚姻。""现在看来我错了，也算是年少不懂事吧，害了自己，也害了别人，害了孩子！"

"但是，对于冬雷的妈妈来说，她当初是爱你的，是吗？"

"她应该是真心爱我的，也应该知道我并不是那么的爱她。"冬雷爸爸似乎有点伤感。

"不管后来发生了什么事情，单从能嫁个自己爱的男人来说，冬雷的妈妈曾经享受过自己的爱情，是吗？"

"也许吧……"他眼含泪水。

——也许，那段婚姻，他所受的伤害最大！个中滋味，只有他自己能深深体会。

我见过冬雷的外婆，一个十分聪明的老人，言谈中透着精明能干。她有一个儿子一个女儿，大女儿从青春期就开始和妈妈对着干，当年就是不听家人劝，执意要嫁给家人都认为不合适的冬雷的爸爸。儿子也和父母的关系不好。冬雷的外婆总结自己的人生，她说是自己太宠两个孩子了，所以，才有今天这样的结局：儿女不孝顺，自己疼爱的唯一的外孙冬雷，如今却成了精神病患者。

"如果两个孩子和您都不亲，冬雷的出生对于您来说就是很大的安慰，是吗？"

"是的。"

"感觉您好像把他当作自己的孩子抚养了？"

"是的，现在我有点后悔了，应该让他的父母教养他，我也累了，该照顾自己了。"……

像很多的父母一样，虽然对于女儿的婚姻不是很满意，但是，当女儿被女婿"抛弃"之后，父母还是很坚定地站在自己孩子的一边的。由于是看着冬雷长大，也一直宠着冬雷，所以，当冬雷父母离婚的时候，冬雷的外婆就鼓动自己的女儿留着冬雷，他们帮她抚养，而这也正中了冬雷父亲的意思。他说，那时候自己一个人生活，没有那么多的时间带着冬雷，所以，既然他的外公外婆爱他、想要他，当然再好不过了。而今天的冬雷说这事的时候，他说："当时我没得选择，我只会选择当下对我有利的一方，外公外婆疼我、爱我，给我这个吃货很多的零食，没有那么多严格的要求，我当然选择跟他们了，也就是跟着妈妈生活了。但是，如果让今天的我选择，回过头来思考，还是跟着爸爸好点。"

"为什么？"我问。

"因为爸爸从小不会惯我那么多的坏毛病吧。"他不好意思地说。

"同时，你也是彭家的后代，彭家的孩子，是吗？"

"是的。"他用力地点点头。

2. 童年

冬雷出生后妈妈是怎么照顾他的，我不得而知，冬雷只记得上幼儿园的时候，每天都自己待着，不和小朋友玩，不和小朋友说话，有时候玩着一块小木头就是一整天。

"那时候你的家是什么样的呢？"我问他。

"我先是和爷爷、奶奶、爸妈一起生活。印象中好像爸爸和妈妈总是吵架，没有人关心我，从乡下来的爷爷奶奶也不会教我什么，我的脑袋总是一片空白，所以，当我去幼儿园的时候，我的脑袋也是空白的，就没有和别人交流的言语，所以，也就只能一个人待着，幼儿园老师讲什么，我基本听不懂。"冬雷回忆着。

"那时候，根本没有和别人交流的动力，是吗？"

"是的，"他难得认真地说，不再那样习惯性地笑着，"我现在观察，公园里有的妈妈带着孩子，会告诉孩子这是'阿姨'，那是狗狗，5 岁之前我印象中没有。只有到了 5 岁的时候，我的父母离婚了，那时候，我第一次感受到心情不好，感受到了有一种感觉叫'不开心'。父母离婚之后，我先是和爸爸生活了一段时间，后来就到了外婆那里，那时候我的外婆才发现我什么都不懂，于是开始教我认字、算数，教我生活的一些基本常识……"

"这样说，外婆才是你人生的第一位老师，而不是你的母亲或者父亲。"

"是的，"他点着头说，"所以，我感受到我和外婆是比较有感情的，而和我的母亲是没有母子那种很深的感情的。"

"和你的父亲呢？"

他想了想说："我一直崇拜我的父亲"。顿了顿他说："爸妈刚离婚时，白天爸爸送我去幼儿园，晚上接我回家，他也不和我交流。有一次，我在睡眠中惊醒，我听到有人在我的窗外讲话，说要给我的眉心多安一只眼睛，我听到很害怕，就跑到爸爸的房间，告诉他我很害怕，然后，我就和爸爸同住了一段时间，再也不敢去那个房间一个人睡觉了。"

"爸爸没有问你怕什么吗？"

"没有。如果他当时问了，那种害怕的日子可能很快就结束了吧？"

"是的，另外，如果你当时主动说了，也可能得到这个效果了。"

"是的。"

"后来还有类似的事情发生吗？"

"有，很多。现在看来，如果父母能和我多些沟通，或者我主动和父母沟通了，我的人生也许就是另一个剧本了。"

"是的，人生的路总是不能重走，如果能重走，我们都会走出一个辉煌的，或者是不一样的人生。"

"是的，今天来到您这里，我就是要把自己梳理一遍，走好以后的路。"

"现在我们看看你的梦境，有个人想给你的额头上多安装一只眼睛，就像有个童话剧里的三眼童子，你看过那个童话剧吗？"

"看过了。"

从心理角度讲：我们的梦境都是我们现实的一种投射。当时，对于一个5岁的孩子来说，为何需要多装一只眼睛呢？"

"就像三眼童子一样，看清楚一些事情吧。"

"当时的你需要看清楚什么呢？"

"我需要看清楚周围的世界，看清楚爸爸妈妈到底发生了什么？"

"所以，梦境其实是你内心里的一种渴望，它在以一种特别的方式提醒你，是吗？"

"也许是，可是，没有人和我沟通，把我从内心的世界里引出来……"冬雷陷入了沉默。

3. 孤独青少年

被外公外婆抚养后，在外婆的指导下，冬雷说他的大脑里开始有了学习这件事儿，但是懵懵懂懂，终于，在小学二年级的时候，有一天，他突然觉得自己"开窍"了：就在那一刹那间，他突然感觉到学习是一件十分轻松和好玩的事情，他对它充满了热情，老师说的话他也能听懂了，很快，学校里的考试对于他来说是一件十分期盼的事情了，因为每次考试，他基本都能拿到班上第一、二名，这让外公外婆，甚至是爸爸妈妈的脸上都能露出难得高兴的表情。尽管，他没有什么知心的朋友，尽管，他还是一个人经常在校园的一角看着地上的蚂蚁出神，但是，他从别人满意的笑容里感受到了自己。另外，还有让他高兴的事情是，偶尔，他还能拿着自己的试卷表现出一副骄傲的样子，那一刻，他能感受到一种掌控的骄傲。另外，还有一些男孩子，因为他的学习好还过来讨好地和他说说话，一块儿玩玩……

"即使是那样，我还是很孤独，内心里很孤独，脑袋里经常是一片空白，好像和这个世界有一层隔膜似的。"冬雷还是那样笑笑地说着，"不过，这一切，就因为一个偶然的机会，发生了重大的变化。"

"愿闻其详。"我半开玩笑地说。

"我上小学后，先是妈妈处了一个男朋友，后来他们结婚了，我对这个后来的爸爸也没有什么好感或者反感。爸爸也忙着和一个很小的女孩子拍拖，也没有那么多的时间管我。每到周末，爸爸都把我接回他的家，有时候出去玩玩，但大多数的时候都把我一个人放在家里自个玩。有一次，我在爸爸的电脑里看到了一些关于性的三级片。我当时很震惊，我不知道大人之间原来玩这些。我的整个世界一下子混乱了！我觉得挺难受的，但是又禁不住它的诱惑，每到周末，我都主动要求爸爸带我去他的家里，爸爸说他没有时间陪我，我就说我自己在家里做作业或者玩电脑，爸爸看我很乖就任由我这样了。那些画面，一直在我的脑海里持续了好多年，所以，我觉得在学校我和别的小朋友不交流也很正常，我的脑海里的东西很丰富，这些东西都是属于我自己的，我觉得自己并不孤独。"

"这应该是你的性启蒙？"

"是的，只不过是一种误入歧途的启蒙。"

"回过头来看，如果爸爸妈妈一直都在身边，关心你、关注你，也许你就不会这样'误入歧途'了。"

"是的，但是我不能怨恨他们啊！离婚后，他们都需要各自继续生活下去啊！"他还是那样笑笑着说（没有人关注：他也要生活下去），"妈妈先嫁给了一个不错的男人，那个男人对她对我都不错，但是，应该是妈妈的不称职，她喜欢赌博，不体贴别人，后来他们离婚了。妈妈离婚时正是我初三准备中考的时候，读初中时我已和妈妈单独居住了。妈妈要卖掉房子，我对妈妈说，暂时不要卖房子，等我中考之后再卖，但是，妈妈执意要卖，当时没有说原因，我只知道她需要钱去投资，后来，才知道她是被骗了。"

"听了妈妈被骗，你的感觉是什么？"

"没感觉。"

"或者你已经习惯于把愤怒压抑了？"

"也许吧！但是，我认为我是一个不会生气的人，所以，我不喜欢那些容易发脾气的人。"他再次强调。

"妈妈后来呢？"

"我读高中的时候，我和妈妈在外面租房子住，之后，妈妈又嫁给了一个六七十岁的老头。妈妈回来给我说，那老头是个'性变态'，这更让我相信男人和女人之间的事情就像我之前看到的那样。妈妈后来还是忍受不了离婚了。"

"爸爸那边怎么样？"

"爸爸先是娶了一个很年轻的女孩子并生了孩子，结果，他们并没有什么共同语言，最终他们还是离婚了。"

"好像你的父母那时候都不是很成熟。"

"我现在也觉得是。后来爸爸遇到现在的妻子，我觉得他才有了真正的家庭，虽然矛盾还是有的。"

"但是，这个家庭不是你的。"

"是的，我知道的。我知道自己要离开，只是现在我还不能够离开……"

一年前，因为一个意外事故，冬雷的腰椎骨折，一直到现在还常常腰痛。他认为他现在必须依赖爸爸一段时间，等身体完全好了他才能出去工作并照顾自己。他知道他是不被父亲现在的家庭接纳的。

"爸爸能给你带来精神上的依赖吗？"

"现在可以，我还需要他的监督和指导。"

"你还不能管理好你自己？"

"是的，和妈妈相比，爸爸比较可靠点，虽然我也失望过。"

接着，他告诉我，在他读初中二年级的时候，因为那时他学习比较好，虽然没有什么朋友，但是老师很重视他，经常让他为大家服务，他也很得意。后来，有一天，他也不知道为什么就被一个男生放学后狠狠地打了一顿，理由是他勾引了那个男同学喜欢的女同学。

"你喜欢过班上的女同学吗？"

"没有，那时候确实没有注意到那个女同学。在我的心里，因为那些片子，我根本不会感觉到男人和女人之间还会有什么爱情。"

"所以，你很冤屈。"

"是的。我回家把这事告诉了我爸爸，可是，他却说那个同学不好，让我以后躲开他。"

"爸爸这样处理，对你的影响是什么？"

"很委屈。之后，我就开始不那么表现自己了，慢慢地更加内向了，更不会和同学交流了，在学校就是学习。"

"也许，你对自己产生了怀疑？"

"是的。现在想起来，是对自己产生了怀疑。我感受到了，我对于这个世界很不懂。"

在之后和冬雷爸爸的交流中，他说了当初的这件事，那时他亲自去学校了解了情况，老师说问题也不是很大，后来在老师的指导下，那孩子的父母带着孩子给冬雷道歉了。冬雷爸爸说他现在才后悔，那时和冬雷没有好好谈谈。

4. 得了抑郁症

冬雷是以抑郁症的诊断被转介来做心理治疗的。说起他的抑郁，他说，就在妈妈把家里的房子卖了之后，他的心情一直不是很好，但是还能勉强在多数时间里忘记这件事情。妈妈整天沉迷于赌博，他原谅她；不给放学回家的他做饭吃，他也原谅她。后来，他在妈妈的日记里发现妈妈写道：她卖掉房子原来是被一个小团体骗了，那些人说将要一起组建一个公司，谁投资多就给谁的职位高，妈妈也就毫不迟疑地卖了房子投资进去，结果，那伙人很快就不见人了，妈妈在日记里说，投资的人，有的人最后夫妻离婚，有的母子反目，还有人跳楼自杀了，妈妈也想到死，但是，她说她死了我该怎么办。最后她决定有多少钱就花多少钱，花完了死了也就算了……

"那时你就抑郁了吗？"

"没有，我只是理解了她一点，不再那么恨她。"

"从一定意义上说，妈妈的日记，让你了解到别人也有他们自己的思维世界，是吗？在你的成长过程中，这正是你所缺少的。"

"也许。高三那年的抑郁我不知道是否也是这个问题呢？——我不知道别的人是怎样思考问题的，也没有人可以分担我心里的秘密。"他看着我说，"那时候流传着玛雅文化的预言，说2012年12月21日是世界末日，别的同学或者报纸媒体都在说这事，周围的很多人很担心或者是兴奋，而我看起来毫无反应，其实我的内心是焦虑、担心和害怕的，慢慢地我饭也吃不下，睡觉也不踏实，情绪十分的低落。"

"如果那时有个人能和你说说这事，也许能减少一点你的焦虑？或者你能主动找别人聊天也能减少你的焦虑？"

"是的。我确实就没有欲望和别人好好聊聊以减轻我的焦虑。从小到大，一直没有这种欲望和渴求。只有现在到了这里做咨询的时候，我才觉得我想说话，想和你交流，想说说自己的很多事情。"

"心理医生的工作实质上就是一个倾听者或者说是陪伴者。"我说。

"我的第二次抑郁，是在我大四的时候，"他说，"那时，因为我是学习传媒的，所以对时事比较敏感。有一天，我鬼使神差地突然想从反面的角度看看中国经济的发展，结果，这一推测不要紧，要紧的是结果。我推测到中国经济会下滑，计划经济将失败；推测到社会的动荡，'文化大革命'那样的运动将再次发生；要命的是，我在网上查了查，竟有很多所谓的经济人也认同我的观点！——想想未来，我十分地恐惧，我不知道自己将怎样面对以后的生活，和网上的抱有这种看法的一个团体的人越聊越没有希望，越聊越恐惧，不知不觉间我的抑郁严重了。"

"有多长时间？"

"大概好几个月吧。因为当时是大学实习阶段，老师以为学生都实习去了，没人管你去哪里了。父母也以为我在学校读书，没有人知道我很抑郁了，整天在宿舍里睡觉，一天只吃一顿饭，或者一碗方便面就可以过一天，眼看着实习马上结束，就要进行毕业考试了，我觉得自己快不能毕业了，才打电话给爸爸，爸爸来到学校，通过各种比如补考、补作业等方式，促成了我终于拿到了毕业证，之后，带我回家了……"

"你的整个大学生活都还好吧？"

"不好，我也要和你谈谈我的大学生活。"他说，他一定要重点谈他的大学生活，要我给他整整一次的治疗时间。

5. 大学生涯

"党医生，你还记得我小时候看黄片的事情吧？"

"嗯，怎么样呢？"

"那种感觉一直在我的脑海里，感到很不舒服。上了大学之后，我开始关注藏在心里很久的一件事了，就是我从来都没有遗精过，也没有勃起过，因此我一直怀疑自己不是一个真正的男人？"

"你那时体重是多少？"记得他的父亲说他一直很胖。

"240多斤。"

"这和你的体重有一定的关系。过于肥胖会影响一个人的性功能。"

"我从小就一直那么胖，外婆总有很多的零食给我吃。即使到了大学，我也总是零食不离口，只是我从来没有把肥胖和性功能联系起来，我一直怀疑自己不是个男人，也许，这也和我的心理年龄没有长大有关吧。"他顿了顿说，"有一天我感觉很无聊，就一个人去了夜总会。在夜总会，有女孩子问我要不要那种服务，因为脑海里一直认为性是那种有点恶心又让人向往的事情，我到底是不是个男人我也想看看，于是，我就冒险花钱接受了这些服务，结果就一发不可收拾了。在夜总会，我尝到了性带来的快感和震惊：原来，男女之间的性是这样的舒爽。我不断地进出不同的夜总会，因为多数时候不能正常勃起，我就试着找不同类型的女性，后来吃一些壮阳药，最后总结的结果是：我将来结婚了，万一真的有性功能问题，还可以依靠吃这些药继续过性生活，除了学习，这事成了我最为关心的事情，也感觉自己上瘾了。那些全新的体验，让我脑海里的那些既往的画面慢慢地消失，为了体验曾经看到的那些画面，我还试过和几个女人一起发生关系……"

"结果呢？"

"我感觉是修补了小时候那些画面带给我的那些畸形的感觉。同时，我也为自己和父亲的关系埋下了恶性炸弹。"他停了停，好像有点艰难地说，"因为要不断地去夜总会玩，我就需要数量不少的钱，于是，我以各种理由：学习资料费、生活费、培训费、考取驾照费、见习费、实习费，向爸爸妈妈甚至是外婆要钱。我还在做工会小领导的时候住在办公室省下了宿舍费去玩。最严重的是，我还在网上贷款去玩，每次在假期回家的时候，再慢慢地从爸爸妈妈、外公外婆那里搜刮钱去还。最后，当这一切被爸爸发现之后，爸爸对我的信任土崩瓦解了……"

"每个人都要对自己的行为负责任的。你被亲情的崩塌惩罚了。"我有点伤感地看着他。

"是的，"接着他突然好笑地说，"在第一个玩过女人的假期我回到了家，本来，我是怀着内疚回来的，忐忑的我在家门口还徘徊了很久，没敢进门，结果那天晚上，我发现我妈妈和别的男人回家了，于是我就硬着头皮回家了，后来发现我的妈妈比我还乱，她其中的一个男朋友还带着我去酒店找女人，我仅有的一点内疚感也就这样地消磨完了。"

"回头看这些经历，你能做一个什么评价？"

"我觉得，我妈妈是被爸爸害了，同时，她又被那些她交往过的男人害了。而我的世界也被自己在这个社会的遭遇扭曲了。"他还是那样笑笑地说，我看过你写的《家庭里的心理学故事》，里面把因为承担了家庭里的问题的孩子描述为'黑羊'，我觉得我就是一只被社会毒害了的'黑羊'。"

"不只是玩女人，我发现我们的老师也很容易被骗。"看着我是明显地惊愕了，他又是笑了笑，说，"我也没有想骗老师，但是，老师总是布置很多的作业给我，特别是一个女老师，她每次布置的作业并不像其他老师布置的作业那样可以抄袭，我感觉到压力很大，我就骗老师说，我在写小说，在专心写小说！所以她布置的作业我没有心思完成，结果，那个老师竟然相信了。我爸爸打电话的时候，老师告诉了我爸爸，我爸爸也相信了，我把网络上的别人的小说说成了是自己写的，因为是笔名，别人并不知道那是谁写的，大家也都相信了那是我写的，骗着骗着，连我也相信那小说是我写的，而且是连载……"

我猜读者可以想象得到曾经引以为豪的他的爸爸知道这事的时候崩溃的情景……

"在大学里有没有值得你骄傲的事情呢？"

"有。"他变得严肃起来，而且很认真地回忆，"大二的时候，因为别人都知道我在写小说，所以，我也被纳入一个文学社团里。不久，老社长退下了，我便被他们推为新社长。我仔细地研究了社团的特点，然后制定了一些策略，一年之后，这个社团竟然成了校园最大的社团，从二三十人一直发展到一两百人，从一个校区发展到了另一个校区……"

当我问他怎么去发展这些社团的时候，他说，他也是利用了一些老师的力量，回头看，老师也是笨笨的，能被自己利用。后来，他的爸爸也证实了他的话，老师也在爸爸面前赞扬了他这个团长的领导能力。

"也就是说，你不善于和别人交往，但是，当你喜欢做一件事情的时候，你就会沉浸下去做好它。"

"是的，我觉得还是当年看蚂蚁的那种感觉，顾不了其他的事情，只会专心地做好这一件事情。"

"后来还有这样的体会吗？"

"有。在我毕业之后，因为我是学习传媒的，所以顺理成章地在爸爸的引荐下去了电视台工作。但是，我在那里的工作做不了，我没有办法和别人打交道，不知道怎么去采访，我总是觉得自己就像一块木头，游荡在那些谈笑风生的人中间，最后，自然地我失去了那份工作。但是，后来我找到了一份送外卖的工作，这个工作我很喜欢，"他脸上露出了得意的表情，接着的是有点手舞足蹈的兴奋状态，"我每天送外卖，我要研究先送哪一份比较合理，怎么走最省时间，迟到后怎么给客户解释最好，怎么能送得又快又多……我很喜欢这种感觉。"

"看蚂蚁的感觉又回来了！"我笑着附和。

"是的，是的。"他似乎更兴奋了。"我觉得，我在大学里最得意的成就和现在送外卖带给我的成就是一样的。"

"你体会到了内心的愉悦了？"

"是的，不是找女人所能给予我的。"

"所以，等这次病好了之后，你需要做什么？"

"不能再做外卖了，上次因为开电动车太快，被车撞了，爸爸和家人是不允许我再做这份工作了，所以我再找工作，也要找一份能让我有'看蚂蚁'那种感觉的工作才行。"

"也就是一份你喜欢的工作才行。"

"是的。"

6. 离家出走

这是直接促使家人带冬雷来精神病医院的原因。

毕业之前，冬雷已经在学校里患抑郁症了，但是，当时他并不知道自己是处于抑郁状态，在爸爸的干预下他顺利毕业了，并找到了一家不错的单位工作。工作中他一直不在状态，整天处于昏睡状态，无论做什么工作，只要有条件，他都能倒头就睡。冬雷说："我知道我的内心是抑郁的，因为那些恐怖的、焦虑的未来总是在我的脑海里挥之不去，总觉得现在的人都活在一种暂时的平静状态，大的革命始终要爆发的，大的经济危机也始终会爆发的，忽略这种感受的方法，也许就是睡觉……"

谁也没有料到，突然有一天天上掉下来了一块馅饼。外公外婆准备把他们的积蓄做个分配，作为他们最爱的外孙，冬雷竟然被分配了18万的财产。

"在这么多钱的刺激下，我突然想到了一个办法，逃到国外去！我去了国外生活，不就避免了可能的'文化大革命'的影响？于是，我多方打听并在网上查到有一个国家可以不用什么苛刻的条件就可以去定居，还可以在那里安家做生意生活下去，于是，我在网上联系了一个在那里定居的广东人，和他沟通之后，明确了去之后的落脚点以及可以维持生存的工作，我就以丢失存折的名义重新开了一个存折，拿到了外公外婆给我的18万，偷偷地办好了护照买了机票，然后告诉了我的父母和外公外婆，结果不出我所料，全家人都反对我出去。但是，在我的坚持下，我还是顺利地飞到了南太平洋的一个地方——所罗门群岛。"冬雷深深地吸了一口气，然后自嘲地笑笑说，"到了那里，我才发现自己根本没有办法生存。那是一个以农业和渔业为主的地方，有很多的土著人，我一不会务农，二不会捕鱼，三根本没有干活的力气，于是，在那里待了几个月后，我回来了。"

"回来之后呢？"

"我一个人住在旅馆里，没有告诉任何人我回来了。一个人又在宾馆睡了十五六天，每天以一碗泡面打发。最后，还是打起精神，根据在网上查到的抑郁症的知识，告诉爸爸我病了，得了抑郁症，需要看精神科医生。"

"起码有一点，告诉父亲你得了抑郁症，不但给了自己台阶下，也有可能免除了家人的责骂，是吧？"我笑笑地问。

"是的。"他又是不好意思地笑笑说。

"现在，你怎么看当初自己的担心？"

"我的同学也说我的担心很荒诞。但是，我觉得担心就是担心，回头看，我的担心是否过分了？"

"是的。没有发生的事情，我们都不能说谁的担心是不对的。但是，为了没有发生的事情而过分地担心，有可能把我们引向'妄想'的方向，你说呢？"

"是的，也许我应该活在现实里面，我知道等我的病恢复后，我首先是需要一份工作。"

7. 谈谈死亡

上次治疗结束的时候，冬雷说他想和我专门谈一次关于死亡的事情。这次来之后，他首先告诉我，他现在不会整天在家里拿着手机玩或者睡觉了，他特意每天下楼在小区里走走，特意和小卖部的老板、小区的保安等聊聊天。"我要锻炼和别人沟通的能力。"他说。最近一次见面的时候，冬雷告诉我，他已经像我和他聊天那样，可以和他的"有精神问题"的同学聊天，做起他同学的心理辅导了——没有绝对的弱者，每个人都有内在的力量。

我们的话题也自然而然地谈到了死亡这个问题。他说他的父亲最近生气的时候，就时不时地冒出来一句："我自己也许活不了多少年了，不知啥时候就死了。"冬雷讲述时看似无所谓，但在他淡然地叙说的时候，有种沉重的气氛还是笼罩在治疗室内。

"我们做父母的，有时候太生孩子的气了，会经常说一句'要气死了'，但那只是一种情绪的宣泄，或许和死没有啥关系，你觉得呢？"自己都觉得这样说的时候有点牵强。

"不知道。不过他说他的，在我的工作稳定之前，我还是要依赖他一段时间。"

"谁让他是父亲呢！"我们两个都笑了。

之后，冬雷告诉我，他对死有很深的恐惧。最初是他七八岁的时候，那时他还和妈妈住在一起，突然有一天明白了死亡的概念，而且知道每个人都会死，内心里充满了恐惧，天天想着"死亡"这个词，经常地发respiratory呆，感觉到身体害怕得都动不了，但是，他还是没有和任何人谈及他的害怕，谈及"死亡"这个词。

第二次，是在初二被同学打的时候，在回家的路上，他感觉自己很没用，觉得不如死了算了，就一个人沿着珠江边走，想跳入珠江死了算了，后来，沿着珠江边走着走着，气消了，他自个又走回家了。

第三次，是他大学快毕业爸爸来的那次，本来就心情不好，爸爸来了看到他的状态就骂他，那天，当同学们都睡着之后，他一个人爬上了窗台想跳下去，最后还是放弃了。

第四次，也就是在他做外卖小哥之前的一段时间，他曾做过一段时间的销售。他觉得自己很不适合做这种要面对来来往往的客户的工作，努力地做也做不好，对自己很失望也很失落，更重要的是还要上夜班，在低工资的情况下，他实在做不下去了，就第一次拿着水果刀割了自己的手臂……结局是父亲又带他去医院复诊，加大了抗抑郁药物的量。

我问他为何要专门谈及"死亡"这个话题呢？他说，爸爸有时候生气时总提起这个话题，他不爽，跟着爸爸的唠叨，他就会突然地冒出来也想死的念头。

"死了父亲就不会唠叨了，是吗？"

"是的。就像你曾经在你的书里说的，死亡是一种逃避。我知道这是逃避。不过现在我知道了，我会离开父亲的。不过可以不用死亡的方式，而是去工作、去成家——那也是逃开父亲，而不是逃避困难。"

"这本来就不是你的家，"我强调，"即使父亲没有离婚，父母的家也只是你的原生家庭，你迟早还是要离开的，并不需要父亲赶你出去。"看他点头，我继续说："父亲的家不欢迎你，并不只是因为他们对你不满意，主要的还是你该成立自己的王国了！"

"是的。我知道，这不是逃避，而是主动离开，是重生。其实，我知道自己来这里，把自己的所有问题都谈出来，就是要给自己一个重新活下去的机会，给自己一个重生的机会。"

8. 冬雷的曼陀罗图

一直到了这个时候，我们才有机会回头看冬雷在第一次来的时候画的曼陀罗画（见图5-1）。

心理曼陀罗（一）

1. 请在大圆内绘出你内心相应的意像或者故事。

左下：请画出你印象中的父母关系；　　左上：请画出你意向中的你的亲密关系；
右上：请画出您自己的亲子关系；　　　右下：请画出您的自我追求；
中间：请画出您的自我意像。

2. 体会你的作品并描述你的心情。

作品的名字：无题　绘画后的心情：平静　您的姓名：_____　电话：

图5-1　冬雷的曼陀罗画

　　冬雷的曼陀罗画颜色整体搭配还是丰富而协调的。左下角父母关系部分，他用了"雷阵雨"来表达。他说，在他 5 岁之前的有限记忆里，妈妈爸爸就是这样一种关系，时不时地就突然爆发了、吵架，甚至打架。"当父母吵架的时候，你的感觉是什么呢？""没感觉！""没感觉或许也是一种感觉？""是的。有一次，他们一直在吵架，我就一个人在房间里玩空调，把温度降到很低很低，很快，我就发高烧了……""拿自虐来抗议？""是的。""那你这次的抑郁发作，有抗议的成分吗？""也许有吧？可能更多的是自己对自己的不接纳吧。什么都没有做好，出国也没有混出个人样来，国内工作也没有做好，还有很关键一点——我没有地方好去。妈妈远嫁他乡，舅舅、舅妈和外婆一起住着，舅舅也是被外婆宠着的大宝宝，从来就没有工作过。舅舅从小体弱多病，得过先天性心脏病、肾炎、胃炎、乙型脑炎等等，如果不照顾他也许就会死，所以，外婆一直把他当大宝宝。现在，舅舅有了家庭，还和外婆一起住，什么都要外婆负担，去了外婆那里，我也是不被欢迎的。爸爸的新家已经有了另外两个孩子，我去了也给爸爸添麻烦。从国外回来，谁家我都不想去，但最后，还是要面对所有的人……"

　　"真的不容易，"我由衷地说，"现在在爸爸家的感觉怎么样？"

　　"没感觉。"

　　"自我保护？"

　　"嗯。没感觉也许也是抗议的一种。没有感觉就不会对身边的人和事太在意。"他又想了想，说，"也许，目前去爸爸那里是最佳的，也是无奈的选择。"

　　"也有一种攻击的意思在里面吗？"

　　"也许有。爸爸从来就不会太在意我，和妈妈离婚后还想过把我送到他的乡下老家去。我在爸爸妈妈身边的时候，他们的事情都比我的事情重要，没有人知道我心里在想什么。"

　　"包括你有那么多的害怕的时候，他们都不知道！"

　　"是的。"

　　"不过，我们今天知道了，如果你的那些想法自己不主动说出来，谁也不知道？"

　　"是的。"

　　"你的亲密关系呢？"我指着左上角的图案问。

　　"那是鸟在蓝天上飞翔。我的内心里也渴望一段完美的爱的关系，像鸟儿在云朵里穿行，十分的美好和自由。"他的脸上写满了向往。

　　"关于这个话题，父母失败的婚姻给了你什么样的启示呢？"

　　"以后我会和我的爱人多沟通的，也要学会沟通。"之后他指着右上角的部分说，"这个图表示的是我和我孩子的关系。我希望以后和我的孩子的关系能像这小河一样清澈、顺畅，我会好好陪伴他们长大，之后再分开。"

　　"好像你爸爸现在也就是这样的观念，你该自立了，需要和长辈分道扬镳了。"

　　"是的，我只是暂时借用他。"

　　"谁让他是爸爸呢！"我们两个又笑了。

　　右下角的个人追求部分，冬雷说那些小花小草代表他心目中追求一种美好的感觉。

　　中间的自我意象部分，冬雷说，第一天他来做治疗画这些画的时候，这棵"枯树"代表着自己行将枯死，现在，重新看它的时候，他觉得那是一棵虽然没有叶子，但是内在隐含着蓬勃生机的树。

　　第二张画，是情绪曼陀罗画（图5-2）。

图5-2　冬雷的情绪曼陀罗画

　　冬雷说，当时他画的时候，他先闭上眼睛，眼前出现的是一幅比这幅画更加规则的图，就像小时候看到的万花筒，也像在迷宫，找不到走出去的方向。因为这幅图有六瓣花，所以，他给它起名为"六只眼睛"。

　　"和你小时候的梦境三眼童子有了吻合，是吗？"

　　"是的。"

　　"现在看它的感觉是什么呢？"

　　"有种盛开的感觉……"

9. 还要继续成长下去

　　冬雷的心理治疗是一个相对轻松的过程。也许，在这个过程中，冬雷得到了他所需要的被倾听、被整理、被理解——事实上，很多时候，一件事情的背后可以探究到很多很多的潜意识里的内容，只是，如果你一直都探索下去，可能永远也没有尽头，所以，即使读者看到这本书的时候，看到这个故事的时候，也不用探索更多的东西，当下带给读者的领悟才是读者所需要的。

　　在医院接触的来访者中，很多都是被父母或者亲人动员过来做治疗的，有的有强烈的痊愈的欲望，就像冬雷那样；有的欲望却不是那样的强烈；但即使是欲望强烈的，因为人格缺陷的问题，也不一定能和治疗师建立较为长久的治疗关系。所以，心理治疗师单单和患者建立一种好的治疗关系就不是一件容易的事情。

　　和冬雷相处的整个治疗过程中，冬雷总是有那么多的话想和我说，特别是开始的时候，他常常在前一次治疗结束的时候，跟我说一句："党医生，我们下次讲我的……"我既欣慰又难过……我们也看到，在冬雷的成长过程中，假如有一个人，无论那个人是他的外公外婆、爷爷奶奶、爸爸妈妈或者别的什么人——老师、同学、朋友等，能及时地在他有困惑的时候能关注到他，和他能有一个良好的沟通，也许冬雷就不会走到今天的这个地步。

　　和冬雷相处，我只是一个聆听者、旁观者、引导者、见证者，他内在的能量在这个陪伴的过程中，得以梳理和调整。遗憾的是，冬雷的治疗，最后还是以中断而结束。我不知道冬雷最后和爸爸之间发生了什么样的矛盾，在中断治疗一两个月之后，冬雷突然告诉我，他离家出走了，手头没钱，正在外面流浪，希望能得到我的接济并不要告诉家人他的行踪。我直接把自己转换成精神科医生了，马上联系了他的爸爸，爸爸说他们已经找他很久了，让我稳住他，他们会接他回家。我对冬雷食言了，他对我将他行踪告诉他父母很气愤，同时，他说他也猜到我可能会这样做，治疗暂时中断。

一周后，在我的调解下，在冬雷爸爸的资助下，冬雷的妈妈带着冬雷去了外地生活，从此，我再未见冬雷。在刚刚完成这本书的时候，冬雷主动联系我了，他说他现在在妈妈的家里，这里是农村，家里已经没有了土地，没有了收入，也找不到其他的工作。他还告诉我，他像以前我和他相处聊天的模式，在这半年的时间里，在一个抑郁症的群中，挽救了两个抑郁症患者的生命。"党医生，我发现心理治疗并不能完全治愈一个人，是吗？"我说："当然了，因为这个世界没有完全正常的人啊！所以，心理治疗就是一个心理成长的过程。人永远都在成长的道路上。"他说："是的。我现在也在写东西。"我没有问他写什么，我知道，他在寻找适合自己生存的方式。

有时候，身体的创伤还能在短期内痊愈，心理的创伤却需要一个漫长且艰难的过程才能慢慢地愈合。

冬雷的爸爸，从开始对于这个儿子的治疗不抱多大的希望，到后来不断地反省自己、调整自己，也在冬雷的治疗过程中起到了很大的作用。只是每个人，当我们一旦做了一些错误的事情，即使是无心的，我们都要在以后的人生中为它付出代价，无一例外。有时候，打倒我们的，不是我们自己遭遇的外在困难，而是我们对于后代的来自心底的深深的爱和期待。

因为父母和社会对于孩子的爱和期待常常是那么的纯粹，有时候，才能成为孩子们打倒父母的工具——当你成为孩子们的攻击目标的时候，也就是你应该好好反省自己的时候。

关注爱的百分比

　　向宇是个壮壮实实刚刚参加完高考的男孩子，正在因为"双相情感障碍，目前为躁狂发作"而住院治疗，病情稳定后，通过他的主管医生，他希望能为他的父母预约一次心理治疗。他说，他觉得他和父母有矛盾，在和妈妈相处的过程中，他总是忍不住想发火。我在病房和他做了一个简短的访谈，问他："对于父母，你最不能忍受的是什么？"他说："我感觉在父母面前，特别是在我妈妈面前，自己根本没有自由、没有尊严、没有自我。""你觉得问题在哪儿呢？"我问他。"我也不太清楚。我只是感觉妈妈就像我甩不掉的尾巴！""你发病时的以头撞墙、在家里摔东西、大喊大叫，都是和妈妈发生矛盾的时候吗？""是的。现在我情绪稳定了，但是，我知道如果我这样回家，和我妈妈再次发生矛盾，我可能还会那样控制不了自己的情绪，所以，我希望给爸爸妈妈预约一次心理治疗，也让他们有所改变。"——我答应了他的预约，也因此，在接下来我的专科门诊时间，我见到了向宇的父母和向宇 6 岁的弟弟。

　　这对夫妇都是 40 多岁的年纪。向宇妈妈是全职母亲，言谈中流露出一种女强人的固执，眼神犀利，表情严肃，同时又透着一种焦虑和不知所措。问及她的成长经历，她说她有两个哥哥，兄妹三人。在她小的时候，因为乖巧、懂事、爱学习，深得她的爸爸还有两个哥哥宠爱，平时不让她做任何事情，只要专心学习就好，所以她的学习一直都不错，后来还考上了大专。在她所处的那个女孩子大都不能坚持读书，多数很早做事、很早嫁人的偏远山村，她算是很有"出息"的了。后来，她嫁给了大学毕业的向宇的爸爸，先是有了向宇，后有了向宇的弟弟，日子过得一直深得当地人羡慕。向宇出生不久，他们夫妻就处于两地分居状态——向宇的爸爸被调动去了另一个城市工作。向宇妈妈照顾向宇有了困难，于是向宇的爷爷奶奶、外公外婆开始轮流进驻这个家庭，直到向宇读小学。为了能把向宇的学习放在家庭第一重要位置，夫妻两人协议——向宇妈妈辞去工作，专职在家照顾向宇，支持他上学读书。

"好像你希望孩子像当初的你一样，能得到父母的全力支持，这样将来才有出息？"我问向宇妈妈。

"是的。我觉得我的孩子很聪明，好好培养就一定能成才！"

"结果，现在孩子出现了这种难以控制的情绪问题，严重到要来看精神科医生，还要住脑科医院，你的感觉是什么？"

"很难过……"向宇妈妈的眼泪瞬间流下，"我真的不知道该怎么办？我觉得很失败，没有教育好孩子。"

"因为他学习好是你唯一的寄托和价值？"

"是的"。

"如果是这样，我怎么觉得孩子成了你的工具呢？"

"怎么说？"她很惊讶。

"他要按照你既定的方向发展啊！"

"那也不是为了他好吗？有个好的前途他以后不就过得好吗？"

"路，始终是他要走的，他要学会为自己的未来负责啊！"

"他现在还小，自控力不强，需要监督啊！现在不管，以后会后悔啊！"

"所以要强制。结果呢？"

"现在他很叛逆。"

"孩子叛逆你容许吗？"

"不影响学习就可以。"

"所以，你对孩子的叛逆是有要求的。"

"是的，现在控制不了了，感觉很失望、很抓狂。"

"那我们的要求是否有点太过了呢？"

向宇妈妈低下了头沉思，"是有点……"她喃喃地说。

向宇的爸爸看来是那种不善言谈的男人，不主动说话，当我和向宇妈妈谈话时，他只是陪着小儿子玩沙盘里的沙子。我问他的感觉，他总是理性分析，生病了就要治疗之类的，我一再提醒他的感受是什么，他才终于勉为其难地说："有点难受。"——这是我们华夏男人的共性：多少年来，男人的主要任务就是"养家糊口"，男人们就不能有太多的多愁善感，男人们要把所有的精力都用在从这个社会获得足够的养家糊口的物质上，正因为这样，形成了"男主外、女主内"的不成文规则，男人多以"自己是个大男人"而自居，不参与家庭琐事，不参与孩子的教育，结果，父亲的职能不在，孩子和母亲以及长辈纠缠在一起，难以拥有宽阔的视野和遵守社会规则的教导。

"向宇小时候，也就是读书前的情况是怎样的呢？"我问。

"有时候爷爷奶奶带，有时候外公外婆带。因为他能说会道也聪明，家族里的亲戚都很喜欢他、宠着他，他要什么给什么，吃饭都是爷爷奶奶跟在他的屁股后面追着喂。"向宇妈妈说。

"从来不需要在家里做什么家务？"我猜测着问。

"是的。"

"睡觉呢，单独睡觉吗？"我突然想到这个问题。

"因为爸爸经常不在家，所以一直和我睡。"妈妈说，奇怪我为什么问这个。

"多大的时候和你分床睡？"

"到了高中的时候，有时候他睡不着，我还是去陪着他睡觉。"

无语……

接着，向宇的妈妈给我说了向宇的其他成长经历：上幼儿园的时候就开始静不下来，我行我素，难以管教，来就诊的时候，被医生回顾性地诊断为多动症。好在上小学的时候，一方面因为他很聪明，另一方面向宇妈妈能坚持盯着他的学习（每天不但要完成学校布置的作业，还必须额外完成妈妈想方设法给他弄来的试题）、盯着他的补课、盯着他学习画画（妈妈说尽管向宇坚持了四年的画画学习，但从来没有画出一幅像样的画），另外她还盯着他学习太极拳（尽管他只考了一个初级的蓝带）……在这样"盯着"的情况下，向宇终于考上了一所重点中学，为此向宇的妈妈和爸爸特别自豪。之后向宇顺利地住校学习了，妈妈觉得解脱了，就找了一份工作。——向宇妈妈把很多的精力都用在向宇身上，另一边，向宇的弟弟却很乖，基本不用妈妈爸爸操心什么事情。可是，脱离了妈妈监督的向宇，在开学还不到一个学期，就出现了以下的问题：

第一，衣服不会洗也不愿意洗，为此和同学相处有困难。

第二，从小处于大家宠爱的包围圈的向宇，开始对老师和同学对待自己的言行和态度很敏感，开始抵触对自己不好的老师，排斥同学。

第三，情绪不好，学习成绩迅速下降，之后出现了躯体症状——胃肠不适、头痛、心慌等。爸爸妈妈带着他看遍了当地的名医却查找不出原因。

第四，以周末补课为由，拿着补课的钱熬在网吧里，每到周一上学，无精打采，几天后才能恢复，循环往复。

当这一切终于引起了妈妈关注的时候，妈妈再次辞去工作，带着弟弟来到了向宇上学的城市，在那里，他们之前为了两个孩子读书买了一套学区房，于是，向宇顺理成章地又回到了妈妈的"怀抱"。由妈妈照顾日常的生活起居，向宇也不用住校了，又开始了被妈妈盯着的日子。——独立没有成功，依赖妈妈的"怀抱"，又讨厌妈妈的"怀抱"（也就是妈妈的约束和监管），向宇仍然不开心，在和妈妈的互动中，经常性地跟妈妈大发脾气、砸东西、以头撞墙，甚至用刀割破自己的手腕。在父母的眼里，这孩子行为明显有了异常，他们才在内科医生的提示下，带他看精神科医生，于是，才有了我们之前的见面。

图6-1是向宇妈妈的曼陀罗画。

心理曼陀罗（一）

1. 请在大圆内绘出你内心相应的意像或者故事。
左下：请画出你印象中的父母关系；   右上：请画出您自己的亲子关系；
左上：请画出你意向中的你的亲密关系；   右下：请画出您的自我追求；
中间：请画出您的自我意像。

2. 绘完后请给你的作品取一个名字 伤心的泪   来访者的姓名 _____

和您的关系 才人   您的联系方式 _____   您的年龄 42   职业 无业

图6-1　向宇妈妈的曼陀罗画

在向宇妈妈的曼陀罗画里，左下角的父母关系部分是一对手拉手的夫妻，她说她的父母关系很好；左上角的亲密关系部分，她画了自己和丈夫以及她的大儿子。"我就是很宠我的大儿子，希望他能有出息。"她看着图说。"你在重复你父母和你的关系？你好像把一个看不到的自己附加在大儿子身上？"我问。她疑惑地看着我，"是的"，然后悠悠地回答。

在曼陀罗的右上角的亲子关系部分，向宇妈妈画的是一家四口。右下角的自我追求部分，画的是"花儿在阳光的照耀下很开心快乐"；中间的自我意向部分，她画的是"丈夫是太阳，大儿子是花朵"。"为什么中间我们要求画的是你，而你画的是儿子和丈夫？"我好奇地问。"因为我感觉不到快乐，所以就画他们。"她这样解释。我的心瞬间沉入了湖底，伴随着一个声音："又是一个没有自己的女人！"——爱的百分比，就在那个瞬间给我的一个灵感，从此，我问了到目前为止数百份的调查问卷："假如你的爱有一百分，你将怎么分配？"——这是一个把感知觉量化的问题，直接指向每个受试者的第一感觉，也可以说是潜意识的一个呈现。

"假如我的爱有 100 分，那么，我会给我的大儿子 60 分、丈夫 30 分，小儿子 10 分。"她思考了一下，回答道。

"你自己呢？"我问。

她明显地吃了一惊，之后回答："我，0 分。"

"为什么给小儿子 10 分？"

"因为他比较乖啊，不需要管他太多。"

"也因为你很善良、很好，是个好人，所以你也要给自己 0 分？"

"哦……"她表示赞同。

"那你这样不是就在实行着一种奖勤罚懒、奖坏罚好的规则吗？这可是让一个孩子知道这社会有规则的基础啊！"

"那你说，我的孩子的问题是因为我吗？我现在是没有办法管好他啊！"

"爸爸呢，爸爸管孩子吗？"

"我在外地，我很少能管他，现在我说他他也不听啊！"向宇爸爸很委屈。

"你的妻子听你的吗？"

"好的听，不好的不听。"向宇妈妈倒是回答得很利落。

"你觉得在儿子面前有没有给丈夫树立起做为爸爸的威信呢？"我问向宇妈妈。

向宇妈妈又一次惊愕，我对着她说："一个男孩，当他长大了之后，妈妈的威信会越来越弱。如果你在他长大之前，没有好好地树立起你丈夫作为爸爸的威信，那么，这个孩子长大之后，一旦叛逆，谁也管不了了！"

"可是，爸爸平时没有时间管孩子啊！"向宇妈妈争辩道。

"爸爸不在身边，但是爸爸的威严在，儿子不会随便欺负妈妈的，对吗？"

"爸爸就是很难决定家里的事情啊！"

"爸爸曾经管过吗？你容易听从爸爸的意见吗？"

"不容易！"爸爸弱弱地说，"她总是认为自己是对的！"爸爸说这话的时候明显的底气不足。

"对了！在你儿子的眼里，有可能感受到妈妈不是很尊重爸爸，那么，儿子怎么可能尊重爸爸呢？""你的生命中最重要的是你的儿子，你的儿子肯定感受得到，那么，他就是这个家的皇帝，既然是皇帝，他为何要听你们的话呢？""小的时候是小皇帝，长大了是大皇帝！那么，他就是这个家的男主人！你是这个家的女主人，那么，爸爸的位置呢？"我给出了一连串的提问。

我再看着爸爸说："向宇是你们家的后代，你虽然有工作这个不得已的原因，但是，你让一个女人失去了自我，全身心地照顾你的儿子，你觉得这个正确吗？"

"正确啊！他也是她的儿子啊！"

"是不是将来向宇娶一个妻子，然后，你们的儿媳也要没有她自己，一切以你们的孙子为中心呢？"

"中国人不都是这样的吗？"

"那么，每一代中国女人都为了后代牺牲自己，谁来爱惜她们自己呢？期待儿女来爱你们吗？"——显然是不可靠的！

那最终就是一个问题：一个人到底是为了谁而活？特别是女人。

亲爱的读者请回答我："我们一代代人，到底要为谁而活？为了谁的幸福而活呢？"

爱的百分比目前已经收集了正常人群组和精神病医院门诊的患者和家属组各400多例的调查表。爱的分配本是一个我在治疗中偶然的想法：将一个人的内在感知觉量化，结果真出乎我的意料，其结果可以直接反应被调查者内在的精神动力，特别是当看着被调查者的答案中没有给自己分配爱的时候，我常常只简单地问一句："你在哪里？你爱自己吗？"很多的被调查者立刻眼泪抑制不住地流下来了，有的干脆回答我一句："我不爱自己。"立刻离开。

今天我们初步看看调查结果：正常人群的调查表中，有30%的人，将自己的爱投向自己身边的亲人，忽略了他自己；有60%的人在配偶和子女之间，将更多的情感付诸儿女身上；只有10%左右的人，将自己的能量关注在家庭之外的同事、朋友、工作、爱好或者宗教信仰上。相对于正常人群，精神疾病的患者及其家属，90%更趋向于"无我"的状态，80%的人将自己的精力多数倾注到生病的患者身上（子女或父母），95%以上把精力和感情基本都局限在家庭亲人身上，而外在的世界（自然世界、爱好、朋友、同事、不认识的他人等）投入的少之又少。

在治疗的过程中，接触的案例越多，我这个以家庭治疗为主的治疗师常常都诧异于自己可以从一个家庭中上一辈、上上一辈的家庭成员的个性、遭遇，推测出今天出现精神问题的家庭成员的问题所在。追根溯源，所有心灵的困难都来源于我们在成长过程中所形成的流动于家庭个体之间的情感力量。所有的痛苦都来源于：一是千古不变的话题，爱！——付出爱、渴望爱、寻找爱；二是人类内在焦虑的来源，安全感！——渴望被看见、被关注、被接纳；三是自由，多在青春叛逆期孩子和对他们有束缚的父母之间的战斗中呈现出来。

有了爱，人才不会孤独，才能感受到温暖，才有希望和快乐。

有了安全，人才能安然地活下去。

有了自由，生命才能竭力发掘他们内在的能量，才能让自己的生命更加地灿烂和辉煌。

没有爱的天空，都像下雪一般的冷；所有在雪地里行走的人，除了让自己的身体沉溺于这寒冷，适应那份寒冷，内心深处更深深地渴望阳光和温暖！

关于心理治疗这个职业

　　DIXIT 在心理治疗的过程中，和沙盘游戏、曼陀罗绘画一样，可以作为心理内容投射的媒介。在结束这本书的时候，我依自己的感觉拿出三张卡片。

附图 1　DIXIT 卡片 1　　　附图 2　DIXIT 卡片 2　　　附图 3　DIXIT 卡片 3

　　看着附图 1，我想到的是心理治疗这件事：在做心理治疗的过程中，治疗师往往要小心翼翼，这条路走得十分大胆同时又战战兢兢，稍有差错，就可能全盘皆输，就像钰儿的个案（尽管也有一定效果）。

　　看着附图 2，我想：在做家庭治疗的过程中，我的后面常常是一个个迷茫的家庭，我就像在迷宫里带着恐惧而胆战心惊的他们去寻找走出去的道路。迷宫里很多个大门，我带着他们（当然他们也是我的力量和动力），手拿宝剑，尝试着去打开那些门。有的门的后面藏着豺狼虎豹，甚至鬼怪；有的门的后面不知道是什么奇奇怪怪的东西；有的门竟然是假的门……但是，我们都在努力地寻找，直到最后找到一个真正带着我们走出去、走向外面阳光的大门。<u>可是有时候，走出来之后，我们才发现，其实，那些迷宫都是我们的幻像。</u>

　　看着附图 3，首先吸引我的，是这个图案中呈现的一种温柔。我不知道自己到底是一个什么样的人，其实我们每个人都不能完全地懂自己。我只知道，在咨询室里，我怀着一颗柔软的心，拥抱我的来访者，渴望着他们长大。

　　这一生，我做过内科的住院部医生、内科门诊医生，针灸理疗科医生，现在是心理医生，我明白，无论是哪一科的医生，都有一个最真实的初衷：利用自己的智慧、自己的所学所长，尽力地为他人的人生减轻一些苦痛。

所有没有爱的天空，都像下雪一般的冷；所有在雪地里行走的人，除了让自己的身体沉溺于这寒冷，适应那份寒冷，内心深处更深深地渴望阳光和温暖！

而我们的孩子，当他还没有足够强大的时候，他就像封面上的男孩那样，穿着单薄的衣服，却要去抵御人生各式各样的冷雪寒风，他如何才能享受到阳光的滋养而成为快乐的人儿？抑郁怎么能不如"黑狗"一样如影随形？——当然，现实中狗狗无私的爱，也是这世界上人们珍贵的温暖和幸福。

但愿，我们的心，一直如狗狗对人类主人那样，一直以纯真和温暖接纳、陪伴我们的孩子，并以纯真和温暖活在这个世界上。我同样希望我们一起为了让这个世界更加美好而制造出更多的温暖和阳光。

附图4　作者温暖的家人祝您身心健康，生活愉快

参考文献

［1］申荷永，高岚. 沙盘游戏：理论与实践［M］. 广州：广东高等教育出版社，2004.

［2］陈灿锐，高艳红. 心灵之镜：曼陀罗绘画疗法［M］. 广州：暨南大学出版社，2014.

［3］党家梅子，黄雄. 家庭里的心理学故事［M］. 西安：世界图书出版公司，2018.

［4］弗里曼，艾普斯顿，罗勃维兹. 儿童叙事治疗：严重问题的游戏取向［M］. 田文惠，译. 北京：世界图书出版社，2009.

［5］克莱斯勒，高尔顿，罗泽. 女性心理学［M］. 汤震宇，杨茜，译. 3版. 上海：上海社会科学院出版社，2007.